U0480227

科学的历程
追望叶企孙

储朝晖——主编
张晓军 牛志奎——副主编

科学出版社
北京

内 容 简 介

值全国深入实施科教兴国战略之际,本书以曾为中国科教兴国做出卓越贡献的教育家、科学家叶企孙先生在清华大学和西南联合大学的杰出表现为线索,探索建设一流大学的奥秘;以他曾经在科教兴国中发挥的卓越成效,追溯探寻科教兴国的密码;以几所学校在科学教育中传承叶企孙精神的新探,展现当下如何开展好科学教育,培育科学新人。本书作者的相关研究揭示出科教兴国既需要探新,也需要传承;科教兴国是目标,是途径,更应是行动。希望本书的出版能激发更多的有此兴趣和志向的人在遵循科教兴国的规律、更好地使用科教兴国密码的基础上思考与行动。

本书适合科研工作者、历史与教育研究者和大中学校师生阅读。

图书在版编目(CIP)数据

科学的历程:追望叶企孙/储朝晖主编. -- 北京:科学出版社,
2025.5. -- ISBN 978-7-03-081738-9
Ⅰ. K826.11
中国国家版本馆 CIP 数据核字第 20253NY572 号

责任编辑:张　莉　姚培培／责任校对:韩　杨
责任印制:师艳茹／封面设计:有道文化

科 学 出 版 社 出版
北京东黄城根北街 16 号
邮政编码:100717
http://www.sciencep.com
北京建宏印刷有限公司印刷
科学出版社发行　各地新华书店经销
*
2025 年 5 月第 一 版　开本:720×1000　1/16
2025 年 5 月第一次印刷　印张:14 3/4
字数:224 000
定价:88.00 元
(如有印装质量问题,我社负责调换)

代序　寻找科教兴国的密码[①]

储朝晖

摘要： 经过较长时间的酝酿，1995年"科教兴国"被写入《中共中央、国务院关于加速科学技术进步的决定》，成为国家战略和基本国策。2022年党的二十大报告再次提出"深入实施科教兴国战略、人才强国战略、创新驱动发展战略"。20世纪初，叶企孙（1898—1977）等科教先贤虽然没有使用"科教兴国"一词，但他们显然开展了一场广阔、深入、成效卓著的科教兴国行动。叶企孙是其中执着的实施者，而且实施效果极为显著，为科教结合振兴中国做出了举世公认的杰出贡献，取得了巨大成就。历史表明，叶企孙掌握并有效使用的科教兴国规律性机制或密码是：明了人类文明前行方向；具有深沉持久的兴国激情；关注并瞄准人类科学前沿；志愿以专业为人生，并建立专业人员能有效发挥作用的社会机制；重做而非重讲；理论与应用并重；重质不重量；识别并引导学生发挥优势潜能，走到科学前沿。科教兴国具有历史累积特征。有效实施科教兴国战略，既是创新，也是传承。从叶企孙等众多科学教育先贤那里寻找到中国实施科教兴国的密码，并将其运用于实践，能够更加高效地实现科教兴国的目标。

关键词： 科教兴国；叶企孙；密码

[①] 本文是作者为西交利物浦大学、中华教育改进社、中国教育三十人论坛于2023年7月16日举行的一流大学与一流教育家暨叶企孙先生诞辰125周年纪念大会撰写，并在会上做了报告。本文作者储朝晖为中国教育科学研究院研究员。

科教兴国成为国家战略和基本国策是众多人长期努力探索与争取的结果。

在党和国家领导人中，较早表达出"科教兴国"语义的是邓小平。1977年5月24日，他在与人谈话中说："我们要实现现代化，关键是科学技术要能上去。发展科学技术，不抓教育不行。"[①] 在1977年8月8日召开的科学和教育工作座谈会上，邓小平提出："我们国家要赶上世界先进水平，从何着手呢？我想，要从科学和教育着手。"[②] 明确地提出把科学与教育的发展作为发展经济、建设现代化强国的先导一起抓，为提出和实施科教兴国发展战略奠定了语义与理论基础。

1988—1992年，"科技兴国""教育兴国"等表述就在报刊和各种政策文件中经常出现，使用比较混乱。我由于几次给当时分别任中国陶行知研究会和中国陶行知基金会（现名陶行知教育基金会）领导的钱伟长和孙起孟传递文书，获悉他们先后分别任中国人民政治协商会议第九届全国委员会副主席和第七、八届全国人民代表大会常务委员会副委员长后明确主张使用"科教兴国"一词，并相约凡是呈送他们圈阅的文件中使用的是"科技兴国"或"教育兴国"而非"科教兴国"的，他俩就不签字，并在各种会上反复讲为什么只能使用"科教兴国"，以这种方式倒是"逼"出更多人认同"科教兴国"。

1995年，《中共中央、国务院关于加速科学技术进步的决定》发布，首次正式以中央政策的方式提出实施科教兴国战略。同年，中共十四届五中全会通过的《中共中央关于制定国民经济和社会发展"九五"计划和2010年远景目标的建议》中把实施科教兴国战略列为未来15年直至整个21世纪加速中国特色社会主义现代化建设的重要方针之一。1996年，第八届全国人民代表大会第四次会议正式通过了《中华人民共和国国民经济和社会发展"九五"计划和2010年远景目标纲要》，科教兴国成为基本国策。

党的二十大报告的教育部分，以"实施科教兴国战略，强化现代化建设人才支撑"为主题，突出强调"深入实施科教兴国战略、人才强国战略、创

---

① 中共中央文献研究室. 邓小平论教育. 3版. 北京：人民教育出版社，2004：25.
② 中共中央文献研究室. 邓小平论教育. 3版. 北京：人民教育出版社，2004：28.

新驱动发展战略"①。

一、科教兴国在中国是曾经发生过的

1990年前后倡导"科教兴国"的钱伟长，恰是叶企孙的学生，他在倡导"科教兴国"的同时，积极组织、参与叶企孙的宣传和纪念活动，1995年出版的第一本纪念叶企孙的图书《一代师表叶企孙》便由钱伟长任主编。

（一）中国在20世纪初就有一场有实无名的科教兴国运动

现代科学进入中国恰值中国处于甲午战败后的危难之际，清政府进行预备立宪改制的系列制度变革，尤其是废科举、建立新式学堂、颁布新的学制，从根本上为近现代科学发展扫清了体制障碍，为促进科学教育的发展创造了必不可少的制度环境。科学教育初期发展主要是1904年到1912年多家民间出版机构陆续出版了多种适用于中小学堂的科学教科书，倡导观察和动手实验，注重从普通常见的事物出发，选择与儿童日常生活密切联系的内容，使科学教育逐渐渗透基础教育。"这些曾经只在少数维新学者圈子里流行的'新学'，在20世纪初开始变成童蒙教科书的内容，成为普通人在基础教育阶段就必须了解的知识和道理……对于整个民族的科学启蒙，促进西方先进科学知识在中国的推广和普及，迈出了坚实的一步。"②"在一定意义上，清末民初教科书传播现代文明的价值甚至超过那些思想家改革家，使科学民主由少数知识精英关注的对象而成为浸润到社会民众的普遍思想，冲击和改变着人们的既有观念，塑造着国民新的精神与生活取向。"③

中国有组织的科教兴国行动可追溯到1912年前后，王星拱与同时留学英国的丁绪贤、石瑛等人在伦敦发起成立中国科学社，该社于1918年迁回上海后与在美国组建迁回的中国科学社合并。1914年6月10日，赵元任、任鸿隽等9名在美国康奈尔大学的中国留学生也发起创建中国科学社，并创办《科

---

① 习近平. 高举中国特色社会主义伟大旗帜 为全面建设社会主义现代化国家而团结奋斗——在中国共产党第二十次全国代表大会上的报告. 北京：人民出版社，2022.
② 王海英. 致知在格物——清末民初科学启蒙教科书. 中华读书报，2012-08-15：14.
③ 石鸥，吴小鸥. 清末民初教科书的科学启蒙. 高等教育研究，2012，33（11）：85-90.

学》杂志，在《科学月刊缘起》中明确："同人等负笈此邦，于今世所谓科学者庶几知所亡，不敢自谓有获。顾尝退而自思，吾人所朝夕诵习以为庸常而无奇者，有为吾国学子所未尝习见者乎？其科学发明之效用于寻常事物而影响于国计民生者，有为吾父老昆季所欲闻知者乎？"①由此显示，中国科学社发起的立意便在于效力国计民生。

1915 年 10 月 25 日，中国科学社在美国正式成立，任鸿隽与赵元任分别担任社长、书记，成员主体为"庚款"留学生，其目的是"科学报国"，其宗旨为"联络同志、研究学术，以共图中国科学之发达"。两个分别在英国和美国建立、随着当事人回国后合并的中国科学社模仿英国皇家学会，集合众力，其形式与宗旨都意在救国、兴国，这是没有疑义的。1916 年 8 月 9 日，中国科学社董事会成员联名向留美学生发出《致留美同学书》倡议，更明言，"科学为近世文化之特形，西方富强之泉源。事实俱在，无待缕陈。吾侪负笈异域，将欲取彼有用之学术，救我垂绝之国命"②，强盛我"民权国力"③。显然，中国科学社作为"科学救国"思潮的产物，是众多科学家与教育家在家国情怀激励下联合起来实施科教兴国的联络媒介。

中国科学社成立于第一次世界大战爆发之际，面对中西方的科学差距，创社者多次撰文认为国内没有真正的科学，绝大多数人不知何谓科学，科学的落后是国家衰弱的重要原因。

叶企孙当时在国立清华大学高度关注并向往中国科学社，在清华大学图书馆阅读《科学》创刊号后，被深深吸引。他于 1915 年 9 月 18 日在清华学校与同级同学刘树墉、余泽兰、郑步青等成立学生社团科学社，叶企孙起草章程，订定"1.不谈宗教；2.不谈政治；3.宗旨忌远；4.议论忌高；5.切实学术；6.切实做事"④的训言。在后来的换届改选中，叶企孙曾多次任会长。叶企孙当时的日记中摘抄了不少《科学》上的内容。1916 年 8 月 12 日，叶企孙在寰球中国学生会订阅了《科学》杂志第 2 卷全年，几乎用去他一年书籍费开支

---

① 任鸿隽. 中国科学社社史简述. 中国科技史料, 1983, 1: 2-14.
② 赵元任, 任鸿隽, 胡明复. 致留美同学书. 科学, 1916, 2（10）: 1177-1178.
③ 发刊词. 科学, 1915, 1（1）: 1-2.
④ 叶铭汉, 戴念祖, 李艳平. 叶企孙文存. 北京: 首都师范大学出版社, 2013: 360.

的 1/8；8 月 13 日他特地将《科学》杂志上第 2 卷 7 号以前所载中国科学社 151 名成员的成分进行了分类分析[①]。1916 年 9 月 30 日叶企孙的日记中显示，他给当时尚在美国的中国科学社寄信报名参加该社，并汇去社费。

中国科学社在成立后的 30 余年里成为当时中国科教兴国的组织协调与精神归属机构，社内分设农林、生物、化学、机械工程、电机工程、土木工程、采矿冶金、物理数学及普通等 9 股，是当时中国规模最大的综合性科学学术团体，叶企孙到美国直接参与该社的社务。叶企孙回国即到国立东南大学工作，就与中国科学社当时的总部在该校以及任鸿隽的推荐直接相关。

在多方协助下，中国科学社相继创立了科学生物研究所（近代中国第一个纯科学研究机构），创办了《论文专刊》《科学画报》。1924 年 7 月，中国科学社研制出首台无线电话机，打破了外国资本垄断中国通信技术的局面。中国科学社通过《科学》《科学画报》《申报》等媒介宣扬科学抗战报国、抗战救国、抗战建国。任鸿隽曾说，《科学》的发行不过是一班"书呆子"想就个人能力来力所及地为国家社会做出一点贡献而已，他们做文章，做事务，不但不希望物质报酬，有时还得自己补贴一点费用。1949 年，中国科学社社员达到 3776 人，绝大多数都是国内在科学工作与工程技术方面卓有成绩的专业人才。

中国科学社由于社员"肯牺牲、有毅力""完全出于研究学术、发达科学的动机"而成为"现在中国比较有力量、有价值的学术团体"，居于"首屈一指"[②]的地位。他们事实上在进行着当时没有被称为"科教兴国"的科教兴国行动，并取得了显著效果。

（二）叶企孙通过中国科学社驻美分社成立深度融入科教兴国行动

1918 年 8 月，叶企孙从上海乘"新南京"号赴美求学，9 月入芝加哥大学物理系。恰在这年，中国科学社总部迁回中国，先后将事务所设在上海、南京，叶企孙成为总部回迁后中国科学社留美的实际负责人，并促成北美分

[①] 叶铭汉，戴念祖，李艳平. 叶企孙文存. 北京：首都师范大学出版社，2013：444.
[②] 杨贤江. 中国现有的学术团体//杨贤江. 杨贤江全集（第一卷）. 郑州：河南教育出版社，1995：180-181.

社的成立。叶企孙 1920 年获芝加哥大学理学学士学位后转入哈佛大学继续攻读物理学，1921 年 6 月获哈佛大学硕士学位，9 月在哈佛大学布里奇曼（Percy W. Bridgman，1882—1961，1946 年诺贝尔物理学奖得主）教授指导下攻读博士学位。在哈佛大学期间，叶企孙与中国科学社在美骨干成员有了直接的密切联系。

自中国科学社总部迁回国内，骨干成员相继回国之后，从 1918 年到 1921 年，中国科学社在美的组织出现了空档期。直到 1921 年 8 月，中国科学社理事会公推叶企孙为中国科学社驻美临时执行委员会会长后，这一情况才发生了改变。虽为临时性质，但是叶企孙热心主持，从不懈怠，用心改进社务，倾注了大量精力。除团结社友、联络感情、为国内出版的《科学》杂志定期组稿外，叶企孙每周召开一次例会，从不间断地组织社友讨论科学及如何在中国发展科学，并很快拿出草案，通过了章程，建立了正式的组织机构，社务发展取得了显著成效，中国科学社在美的组织得以基础巩固，规模略具，社务发达。

1922 年 8 月，中国科学社在南通举行发展史上具有重要意义的年会，对中国科学社进行了重大改组，修改了社章，突出了"研究学术"的目标，将中国科学社的宗旨改为"联络同志，研究学术，共图中国科学之发达"，将原来的董事会改为理事会，另组一个董事会。同时，不再设学科性质的二级组织，根据社员数量的多少，可设区域性二级组织"分社"或"社友会"。

叶企孙借此改组，积极领导和筹备中国科学社驻美分社的组建工作，拟定了《中国科学社驻美分社章程》。该章程依据 1922 年 10 月 9 日修改的《中国科学社章程》第 53 条规定，分社定名为中国科学社驻美分社，宗旨为"联络驻美社员，协助总社进行，共图中国科学之发达"。分社办事机关定名为理事委员会，理事七人，其中设职员五人——社长、书记、会计、分股委员会委员长、驻美编辑部长，对理事委员会的职责、选举以及分社的经费、年会社友会、修改章程等均做出了若干规定。

1922 年 12 月 19 日，中国科学社董事会讨论驻美分社社友会拟定的分社章程，决定由董事会交大会章程修整委员会，审查委员为杨杏佛、熊雨生、王琎三人；美国分社社员纳费，应将若干分归至总会，亦归章程内讨论；分社一切事情，先由分社委员会酌量办理；分社之杂志经理员，暂由分社执行委员会派定，再由董事会决定。①

1923 年夏初致函中国科学社

社友钧鉴：

弟自执行中国科学社驻美事务以来，幸诸社友热情相助，得使美洲分社基础巩固，规模略具。今正式理事已经举出，将来社务之必蒸蒸日上，可预料也。弟之责任，因系临时性质，有欲举行之事，而不敢贸然行之，今特举大要之数端为诸社友陈之。

（一）留学界为中西思想之交通机关，对于国内杂志，自当常有贡献。本社总社所出版之《科学》杂志中，诸社友尤宜时常投稿。特为美洲诸社友投稿便利起见，总会之董事会，曾嘱分社每年担任编辑《科学》三期。每期稿件完整后，送国内印刷。

（二）本社原为研究学术而设，社员之同科者，宜常接触，以资切磋，故分股委员会，宜积极整顿以副此旨。

（三）各地社员宜如何巩固其团结之精神。

以上诸端，弟未能使之实现，甚以为恨。深望诸社友热心协助正式职员，俾有成绩，是所至盼。

驻美临时执行委员会会长叶企孙启②

从信中可知，叶企孙在离美回国之前，中国科学社驻美临时执行委员会举行会议，宣告中国科学社驻美分社正式成立。在会长叶企孙主持下，制定了驻美分社章程，选举了由丁绪宝、顾毓成、曾昭抡、钱昌祚、丁绪贤等 7 人组成的理事会，成立了正式机构，吸纳了新社员加入，使中国科学社驻美分社基础巩固、规模略具，社务发达。

中国科学社驻美分社的盛况在 1925 年《科学》第 10 卷第 5 期上也进行了报道："本社驻美社员甚夥。自民国十二年驻美分社成立以来，社务发达，组织益备。去冬以来，又有无线电筹备委员会之设，从事研究推广及提倡无

---

① 何品，王良镭. 中国科学社档案资料整理与研究：董理事会会议记录. 上海：上海科学技术出版社，2017：12.

② 叶企孙. 致中国科学社社友. 科学，1923，8（9）：988-989.

线电之方法。数月以来，该委员会考虑之结果，已有具体办法。闻不久将有详细之设计书及施行细则寄请总社董事部理事部核定施行云。现驻美分社不下一百二十人。"[1]可见在会长叶企孙的领导下，中国科学社驻美分社当年社务发达。

1923年6月，叶企孙在哈佛大学提交博士学位论文，于当年夏末取道欧洲回国。1923年冬，中国科学社驻美分社还设立了无线电筹备委员会，从事研究及提倡无线电的方法。到了1925年，仅当年新增加的社员就达到19人，中国科学社驻美分社社员更是达到了120人之多。可见，叶企孙在其中发挥了重要的领导作用，他的执着精神让在美学子为之感动，也让他自身从内心深处融入了那场科教兴国的行动。

（三）一场深刻与广阔的科教兴国行动

1922年颁布的新学制确立了科学教育在学制上明确而又重要的位置，并安排了较为充足的时间与课程内容。此后，科学及科学教育在中国有了较快的发展，但还不足以满足中国发展的实际需要，于是那一代中西兼通的学人对科教兴国行动进行了深化与拓展。

1. 本土化

1931年，蔡元培在《国化教科书问题》中指出，各高校科学教育大多使用外文原版书，所举证明原理的实例都取材于国外，用来教中国学生，不仅"糜费时间与脑力""与国情不适合……有隔膜惝恍的弊病""足为普及教育的障碍"，而且学生"将来出而应世，也不能充分应用"[2]。1933年，中国科学社对全国大学一年级及高中二、三年级使用的科学教材做调查，发现除中学生物学科外，其他各学科各年级使用的科学教本多为英文原版教材，其占比高中约为70%，大学则为93%，"大学第一年级的物理，化学，算学，几乎完全用的外国教本……高中的八种学科之中，除了生物学一科外，无有一科外国教本不占百分之五十以外"[3]，原版英文科学教材在高中及大学一年级的

---

[1] 中国科学社记事. 科学, 1925, 10 (5)：675.
[2] 蔡元培. 国化教科书问题. 申报, 1931-04-27：1.
[3] 任鸿隽. 一个关于理科教科书的调查. 科学, 1933, 17 (12)：2029-2034.

科学教材中占绝对支配地位。这种状况对中国科学社触动较大，引起其反思。

任鸿隽认为，造成这一现象的原因：一是对西文原书教授的崇拜心理；二是中文出版的图书质量参差不齐，而且选择又少，不容易满足各个学校的特别需求，所以不得不取材于异域。为了改变这一现状，为各门科学"树一个独立的基础"，自20世纪30年代起，中国科学社加快了编译科学教科书的步伐，开展了持续的编译中文科学教材的活动，并根据具体国情改造和完善科学教育。在"国化教科书"过程中，科学家们自觉意识到编译中文教材对科学教育"中国化"的重要意义。任鸿隽说："吾所以反对用外国语文讲授之理由，不特因语文隔阂，学者不易了解，即了解矣，亦用力多而成功少。抑且言及科学，学者本有非我族类之感想。设更用外国语授课，则此种学问将始终被歧视而不易融合为中国学术之一部分。"[①]

中国科学社在艰难的抗日战争（简称抗战）期间，不仅没有停止中文科学教材的编制和翻译工作，相反，迫于生存的现实压力和对本土科学文化的自觉追求，以"稍为国家贡献于万一耳"的态度，投资10万元基金，资助图书编译出版，组织专家有计划地编译大学用书，审查科学名词，用中国科学社各种奖金利息余款拨付稿费或预支版税，力求将欧美科学知识本土化，这促进了现代科学在中国的本土化发展，成果丰硕。其中一些书到1951年已经出版第8版，提升了中国的科学教育水平，完善了大学科学教材体系，在科学教材本土化方面做出了开拓性探索和贡献。

2. 不断阐明救国宗旨

1935年10月25日中国科学社成立20周年之际，《科学》发行纪念特刊用来记述20年来中国科学的进步。10月27日，中国科学社在南京中央大学大礼堂举行中国科学社成立20周年纪念大会，来自京、沪、平、汉、苏、杭、粤、桂、川、青、湘、赣各地社员及来宾2500人参会。时任中央大学校长罗家伦在主持致辞中说："今日中国科学界已获得国际之认识，其所以有如此之进步，实由于社员与非社员一致努力所致，此尤值得纪念者，复次挽救国家衰弱，惟有对一切不现代化之病根，以科学的精神与方法来改造，大家能负

[①] 任鸿隽. 一个关于理科教科书的调查. 科学，1933，17（12）：2029-2034.

起此种责任，则中国前途方有曙光。"①任鸿隽社长报告社务说："科学事业远大，今后不仅在社员方面希望更加努力，尤盼政府予以提倡，际此国难关头，惟有利用科学方法，方克打破艰关，亦唯有努力科学，始能挽救国难。"②马君武理事致辞道："中国六百年来，士大夫均埋头于八股之中，根本不知社会与自然科学为何物，直至庚子以后，国人始觉悟其非来研究科学，直至最近更迎头直追，但以中国地广人多，已有之科学人材，在本社社员仅为一千五百余人，合全国不过二三万人，若按照苏俄之两次五年计划规定，该国所需之建设人才为百五十万人（全人口百分之一），则我国依全人口计算，则需四百七十万人之多，而实际相差之数，又如此悬殊，故希望十年以后，举行三十周年纪念时，本社社员之数量，能有庞大之增加，并盼国人从努力科学来挽救国家。"③每人所言均有"科学挽救国家"之思想，胡适则讲演《民族自信力的根据》，引经据典，阐明科学于民族之大用。

《中国科学社二十周年纪念大会记盛》中记述："在此二十年中，经过世界之空前大战，吾国之多次内乱，以及近年之诸般改革，本社处此'突变'时期，历尽艰险，始终抱定'格物致知，利用厚生'之救国宗旨，不激不随，循序渐进，至于今日，粗具根基，吾人于缅怀过去之缔造艰难，体察现在之事业状况，与希望将来之无穷进展。"④

1945年12月25日，中国科学社北碚社友会举行北碚区年会暨30周年纪念会，通过《中国科学社成立三十周年宣言》："（一）吾人承认科学为智能权力之泉源，为建设现代国家，必须全力以赴。（二）吾人承认科学在我国特别落后，为求与先进诸国并驾齐驱，必须以人一己百、人十己千之精神进行。（三）吾人承认凡世界文明人类皆有增加人类知识产量之义务，因此，吾人对于科学必须有独立之贡献。（四）吾人坚信科学系为人类谋福利快乐而非侵略残杀之工具，因此对于科学之应用，必须严定善恶之标准。信能行此四者，不唯本社格物致知，利用厚生之宗旨，非托空言，即明日之世界，亦将以吾人之努

---

① 重熙. 中国科学社二十周年纪念大会记盛. 科学，1935，19（12）：1906-1912.
② 重熙. 中国科学社二十周年纪念大会记盛. 科学，1935，19（12）：1906-1912.
③ 重熙. 中国科学社二十周年纪念大会记盛. 科学，1935，19（12）：1906-1912.
④ 重熙. 中国科学社二十周年纪念大会记盛. 科学，1935，19（12）：1906-1912.

力而愈进于光明。"①

宣言指出，无论是抗战期间还是战后国家建设时期，中国对科学的需要都很急迫。科学是国家建设最为倚重的基础，中国必须全力以赴发展科学，并为人类知识视野的开阔做出中国人应有的贡献，以寻求科学的独立；科学是为人类谋福利快乐而不是侵略杀伐的工具，因此应对科学应用制定标准。中国科学社社员们在为艰难困苦的抗战做出自身的努力与贡献时，更是深谋远虑，为战后国家建设和科学的发展与合理利用出谋划策②。

3. 用科学于国策

任鸿隽就在1946年《关于发展科学计划的我见》一文中明确提出"在凡事落后之吾国，尤当以发展科学为吾国之生命线""欲发展科学必须有切实计划与准备也"。文中指出，计划之实行应特别注意两点，"国家宜有独立的科学事业预算""管理科学研究人员，必须为专门学者，用整个时间与精神从事，不可成为政府要人之附属品，尤不可搅入官场习气，使成为一种衙门也"。他从科学推动国家社会发展的角度，提出"国家任何事业，非待科学发展，皆难有预期之成效"③。

1935年新任《科学》主编的刘咸在其执笔的社论中，第一条建议即要树立科学国策。他提出，在普及科学教育、传播科学常识、建设科学工业、开展科学研究、培养科技人才、奖励科学成绩、统筹科研经费等问题上，都应当从国家需要的层面予以通盘考虑。

1945年3月，任鸿隽检讨中国科学不发达的根本原因，认定"其根本病源，则在无整个发展之计划""实由于国家对科学未加以注意与奖励"④。"实在由于国家对于科学未尽其倡导与辅助之责任。我们自来不曾承认科学为重要国策之一，因之也从来不曾有过整个发展的计划。"⑤他呼吁国人改变"对于科学的冷视与落漠"，指出"要把发展科学，当作此后立国的生命线"⑥；

---

① 中国科学社成立三十周年宣言. 科学，1944，27（4）.
② 本社三十周年纪念大会暨二十四届年会记. 科学，1944，27（9-12）：70-77.
③ 任鸿隽. 关于发展科学计划的我见. 科学，1946，28（6）：247-248.
④ 任鸿隽. 关于发展科学计划的我见. 科学，1946，28（6）：247-248.
⑤ 任鸿隽. 我们的科学怎么样了. 大公报（天津），1948-02-05：1.
⑥ 任鸿隽. 我们的科学怎么样了. 大公报（天津），1948-02-05：1.

并具体提出四点政策性建议：把发展科学作为此后十年或二十年的重要国策；制定一个具体而科学的发展计划；科学事业的经费应该在国家岁出项目中，有一个独立的预算；管理科学研究的人员，必须为专门学者。

秉志等人认为，不应当只看重实用科学而忽视基础研究，只有两者齐头并进，国家的科技实力才能得到更大的发展。秉志在《科学与国力》一文中写到，"外患肆燄，祸逼眉睫，锦绣河山，日削月蹙"[①]，只有努力发展科学，才能使国家转危为安。他强调开展科学研究、普及科学教育和培养科学精神。

4. 用科学于国防

竺可桢目睹国内科学发展滞后和战备水平落后的情况，曾撰文提出严厉批评："我国对于科学研究，平时鲜加注意，一旦战事开始，方感科学研究之重要！"[②] 1937 年 7 月抗战全面爆发后，《科学》将关注重点转移到抗战救国服务方面，开始更多地传播与战争相关的科学技术和知识内容，如无线电、航空、气象学等方面的文章大量出现，以服务科学应用实践的需要。在物理学方面，不仅有《原子中之原子》《电学一发现》《无线电波撰述》等，还有次仲译的《伟大新型之战略轰炸机》，反映出《科学》从关注物理学理论向实践问题研究的转变，面向战场和应用。《科学》第 21 卷第 2 期刊登王普的《原质（原子）之人工转变述略》，重点介绍了德国开展原子能研究的相关情况。《科学》第 21 卷第 9—10 期刊登了一批有关科学与国防的文章，鼓励动员科技工作者从事国防工业技术发明及仿造，制定国防工业建设方针，宣传推广国防科学。郑万钧的《经济树木与国防》、卢开津的《耐火材料工业与国防》、吴珣的《胶体燃料》、次仲的《航空母舰之现势》等文章，分别从多方面论述如何利用科学提升国力，以应对到来的战争，讨论的均是当时急需解决的具体的国防科技问题。

从国防科技，到大后方建设，再到国家层面的工业布局，以及科学教育、战争中的科学应用等文章陆续刊登在《科学》上，反映出中国科学家群体对战时中国科学发展的思考的进一步成熟。《科学》还围绕科学与战争的关系展开了大量讨论，论题包括：①科学和战争的辩证关系；②科学能否为人类社会带来和平。相关讨论引起了国际科学界的强烈关注，英国著名科学家贝尔

[①] 秉志. 科学与国力. 科学，1932，16（7）：1013-1020.
[②] 竺可桢. 从战争讲到科学的研究. 科学，1932，16（6）：359-370.

纳（J. D. Bernal，1901—1971）强调科学对战争的重要影响："大战是那样的需要科学和技术上的准备，使人们深深感到这些准备的不充分，不足以适应当时的局面。"①

5. 用科学于工业

当时日本虽然在整体国力上无法与美国、苏联等大国相比，但面对近代工业体系尚未建立的中国，却占有明显的优势。在这种情形下，《科学》提倡要正确认识科学与工业研究关系的重要性，并于1938年刊登曾任英国首相的詹姆斯·拉姆齐·麦克唐纳（James Ramsay MacDonald，又称麦唐纳，1866—1937）的《科学与大众》②一文，其中谈到，"科学家与工业家之合作，遂成为今日工业生命上之要图，工业界前此之偶尔咨询科学以决疑难，现时显感不足，必须尽量采用科学，研究如何增进工业之效率及职工之安全""工业家现已承认科学效用渐次增广，双方合作精神亦已发展至美满程度，此由效力伟大之新兴工业及其发达情形，可以证明"③。

1944年，《科学》第27卷2期发表《自然科学与工业之关系》（倪尚达著）和《工业建设与科学发明》（卢于道著），其中《自然科学与工业之关系》强调科学中国化，《工业建设与科学发明》论述工业建设对科学发明的促进作用。在困难的条件下，中国科学社对汽油、柴油等奇缺燃料制造和抗氧化问题开展研究，研究如何用稻草制造无烟炸药，试制橡胶制品等。

6. 用科学于社会

1937年4月至5月，国际科学联盟评议会（International Council of Scientific Unions，ICSU）在伦敦皇家学会（Royal Society of London）举行了第三次大会，会上荷兰皇家科学院（Royal Academy of Sciences）代表提议："建立国际委员会，以检讨科学与科学人员对于社会责任之关系，期能达到协调之步骤。"④会

---

① Bernal J D. 科学与战争. 陈燕贻译. 科学，1939，24（1）：1-4.
② 原文注释"原著载'Nature'Vol.140（1937）p.756-758，为英国首相麦唐纳1937年10月22日在伦敦皇家学院（Royal Institution）所作之Radford Mather Lecture第一次讲演。麦氏于同年11月9日在赴美航行中逝世，本篇为最后之公开讲演，畅论科学与社会福利之关系，颇多精辟议论特译出以见读者。——编者附志"。
③ 麦唐纳. 科学与大众. 刘咸译. 科学，1938，22（1-2）：1-5.
④ 刘咸. 科学与社会之关系——介绍国际科学与社会关系委员会之组织及其使命. 科学，1938，22（11-12）：534-545.

后，经过各方商讨决定成立科学与社会关系委员会（Committee on Science and its Social Relations，CSSR），目的在于抵制人类对科学发明的滥用，推动人们树立正确的科学伦理观，呼吁大众特别是科学家作道义上的反抗，使得科学有助于世界和平。

1938年，《科学》刊登《科学与社会之关系——介绍国际科学与社会关系委员会之组织及其使命》，对这一国际科学界动向进行关注和报道。文中写道："大家都认为科学研究本以谋人福利为鹄目，不应误用之以加害于人群。凡利用科学成果，以剥削多数人之利益，籍饱少数人之欲望，或滥用科学发明于战争或侵略一途，以惨杀无辜平民，毁减人类文明者，皆在排斥之列。科学家既不能制止其发明之被误用或滥用，则战争所演之杀人惨剧，科学家至少需负大部分之责任。吾人于此虽能认清科学研究与科学误用为截然两事，不能混为一谈，然科学家苟知其研究成果已被滥用于杀害人群之一途，而熟视无睹，或噤若寒蝉，不似作道义上之反抗，或设法制止，则诚无所逃其责任，宜为社会人士所诟病。"①此后，《科学》多次刊文回应科学导致战争的责难，提醒人们正确对待科学的社会价值，提出要重新认识科学，指出科学家的社会责任"应协同建设国家调和的社会秩序"②。

《科学》自1939年起开辟"民族卫生"栏，专载浅近科学的生理、卫生、营养理论，"期于国民身体，民族健康，有所改进"，同时减少"科学专著""俾一般读者之未能获阅外国新书报者，可以窥见所发表论文之一斑"③。摆脱"为科学而科学"的禁锢，而是将目光投向社会，关心科学与政治、科学与社会、科学与战争的关系问题，反思科学家们应担负的社会责任。

7. 用科学建国

抗战胜利后，中国科学社积极呼吁实施科学建国，科学已不再仅是少数人的事业，而是应被纳入国家事业总体规划之中。任鸿隽明确主张将发展科学作为立国的生命线，将其确定为此后十年或二十年的重要国策，制定出整

---

① 刘咸. 科学与社会之关系——介绍国际科学与社会关系委员会之组织及其使命. 科学，1938，22（11-12）：534-545.
② 姚国珣. 科学家之责任. 科学，1939，23（3-4）：216.
③ 刘咸. 1939年科学之展望. 科学，1939，（1）：2.

体规划，由国家岁出项目中拨出科学事业的经费，由专门学者管理科学研究①，希望能在学术国家化的体制下为中国科学社争取尽可能大的生存空间。

秉志主张要以"科学立国"，提出"全国上下宜集全力以图科学推进。举凡政治、国防、教育、实业及一切重要急切之问题，悉以科学图解决，求改进，换言之，即以科学立国是也"②。

上述不完整的列举足以显示当时发生了广阔、深刻的科教兴国运动。

（四）形成了真实发挥作用的科教兴国机制

中国科学社是20世纪前50年中国科教兴国的联络体，其社员在各行各业通过自己的研究与教学工作发挥着科教兴国的巨大效能。叶企孙加入中国科学社而融入了这场科教兴国运动。

1922年召开的中国科学社第7次年会将科学教育作为重要论题进行讨论，美国俄亥俄州立大学教授推士（George Ransom Twiss，1863—1944）、社员王岫庐分别论述了中国和美国中小学教育的不同状况及改进中国教育的方法。有社员提议，中国科学社有改进中国教育的责任和义务。随即中国科学社在《科学》第7卷第11期推出"科学教育"专号。通过讨论，认识到科学要能救国，就必须普及科学教育，提倡科学精神，在思想观念上进行"科学革命"，贯通了科教兴国的内部逻辑。

从1922年第7次年会起，中国科学社正式将"科学教育"列为每年年会讨论的重要内容。第3次年会提出"请本社组织长期科学教育委员会研究此项问题"的提案。1923年第8次年会上，中国科学社再次召开科学教育讨论会，大家对中国科学教育情况颇为不满，再次提议成立科学教育委员会。1924年10月21日，中国科学社理事会举行第一次大会，议决正式通过了规定中学教学教员参考书目及编订科学实验指南与设立实验研究委员会两项提案，并正式成立科学教育委员会，选举了翁文灏、王琎、秦汾、秉志、胡刚复、饶毓泰、张准为委员。科学教育委员会的成立对当时中国科学教育的改进意义重大，成效显著，标志着中国的科学家已经把改进中小学科学教育视为自

---

① 任鸿隽. 我们的科学怎么样了. 科学画报，1945，12（5）：3-4.
② 秉志. 科学头脑. 科学画报，1947，13（4）：1，216.

身的责任，并与教育界联手来推进科学教育发展，形成了真实发挥作用的科教兴国实施机制，对推动中国科学教育乃至整个社会与国家的发展影响深远。

中国科学社通过《科学》杂志一直关注科学教育，揭示当时科学教育中存在的弊端和亟待解决的问题，如科学图书和科学仪器的缺乏、教师的数量不足和素质有待提升等。当时上海"有大学三十余所，中学百余所，其有相当实验设备者，十不得一，中学尤甚，以无实验设备之学校，而巧立必须有实验之物理，化学，生物诸科目"[1]。同时，他们还在寻找改进中国科学教育的方法和途径，思考关于科学教育未来发展的方向和方式，提出应当切实改进"生活化"的科学教育，努力推进"大众化"的科学教育，迅速建立"中国化"的科学教育，强调"科学知识之获得，科学方法之运用，科学态度之养成，科学精神之培养，科学技术之熟练，科学本体之认识，科学生活之欣赏，以及科学福利之享用等等，都是充实人生的科学教育之基本项目。""其实科学人人可学习，随时随地能学习"，科学教育应当摒弃科学的"贵族化"和"专利化"，变成大众的科学教育，达到"科学大众化，大众科学化"的目的。"中国化"就是应当符合中国的国情。"移植科学，倘不合国情，不仅于国无补，且足减少民族自信心，所以我们负有教育责任的人，对于注重'中国化'的一个问题，实未可忽视。这种'洋八股'的教学法有妨害吾国科学教育进步的。"[2]

1933年4月，鉴于当时已有一些大学设置物理系，开设物理课，但能教物理的教师不多，科目过于繁多，教材流于空乏，而且无实验，叶企孙与饶毓泰、王守竞、李书华、张贻惠、吴有训、萨本栋、朱广才、严济慈等人向教育部提出《拟定大学物理系课程最低标准草案》，以使大学课程"简单化、基本化、实在化"[3]。

直到1947年，中国科学社与其他6个科学团体召开联合年会，"改革我国科学教育的途径"仍是中国科学社在会上提出的讨论主题，使更多的科学

---

[1] 阙疑生. 科学实验之重要. 科学, 1939, 23 (2): 65-66.
[2] 王志稼. 我国科学教育今后应具之方针. 科学, 1940, 24 (5): 347-351.
[3] 教育部. 教育部天文、数学和物理讨论会专刊. 南京: 国立编译馆, 1938: 155; 叶铭汉, 戴念祖, 李艳平. 叶企孙文存. 北京: 首都师范大学出版社, 2013: 210.

家参与到关于中小学科学教育的讨论之中。可以说，从1922年开始，中国科学社就一直关注、参与并组织关于中小学科学教育的讨论，为推进中国近现代学校科学教育贡献了独到观点和宝贵思想。

由上可见，20世纪上半叶，中国发生过规模宏大、范围宽广、参与者众、见识高远的科教兴国行动，对中国的科学教育产生了深远影响，叶企孙深度融入了其中。

二、叶企孙的科教兴国作为与密码

通过科学和教育振兴国家与民族是20世纪众多先贤经历人生坎坷后达成的共识。那场以各方向专业人士为主力的科教兴国行动，没有一条现成的轨道，需要每个人依据自己面对的现状、问题和当时的社会条件与需求去探索出适合自己的路径。

足以显现叶企孙科教兴国之志的是，1926年"三一八"惨案发生当晚，王淦昌与几名同学到叶企孙居处北院7号讲述了白天的血案，叶企孙神色激动地盯着王淦昌，一字一顿、低沉有力地对他说："谁叫你们去的？！你们明白自己的使命吗？一个国家，一个民族，为什么会挨打？为什么落后？你们明白吗？如果我们的国家有大唐帝国那般的强盛，这个世界上有谁敢欺侮我们？一个国家与一个人一样，弱肉强食是亘古不变的法则，要想我们的国家不遭到外国人的凌辱，就只有靠科学！科学，只有科学才能拯救我们的民族……"[①]说罢泪下如雨，他的激情与卓识一下子感染了学生，成为王淦昌生命中最重要的东西之一，影响了他毕生的道路。

叶企孙以其开阔的视野、广博的学识、深厚的造诣，遇事去偏求纯求正的品格，不断追求，虽讷于言，但敏于行，一贯保持温润如玉的君子之风，既深知世界科技前沿，又洞悉弟子们的个性与天赋，为他们指引深造方向，为中国科学事业的发展指引方向。他以独特的方式不断开辟出中国科教兴国发展的新境界，成就了他在中国近现代科学、教育事业创建和发展史上不只

---

① 王淦昌. 见物理系之筚路蓝缕，思叶老师之春风化雨//钱伟长. 一代师表叶企孙. 2版. 上海：上海科学技术出版社，2013：36.

是先驱,还是贤哲的地位,在同时期同类型人物中确实鲜有比肩,并更多地掌握了科教兴国的技巧与密码。

(一)叶企孙执着施行科教兴国开辟新境

中国科学社的很多社员直接从事教育工作,如陶行知、胡适、陈鹤琴、廖世承、朱经农、程其保、高阳、刘廷芳等。他们一方面在大中小学、幼稚园中积极开设科学类课程,实施科学教育;另一方面引入西方先进的教育理论、教学方法,积极尝试、运用科学的方法进行研究。此外,很多社员还编纂出版科学书籍,如1926年任鸿隽著《科学概论(上篇)》等。其中编写的中学教科书有不少通过了教育部的审定,被定为全国通用教材,有的多次再版成为中学某些学科的经典教材。例如,凌昌焕编、胡先骕校的《现代初中教科书:植物学》一书自1923年7月初版,到1930年已再版117版次。陈桢编著的《复兴高级中学教科书·生物学》,使用时间长达16年。由此可见中国科学社社员在科学教育方面所做出的独特贡献。

在实地调查的基础上,中国科学社科学教育委员会提出中小学科学教育的"改良计划",其一是设"科学教育讲习会",其二是"编写中学科学实验课程"。1926年,中国科学社与中华教育改进社联合举办第二届科学教员暑期研究会。中国科学社积极组织和参与各种中小学科学教师的培训工作,从提高科学素养抓起,建设强有力的培训师资队伍,这些人包括国立北京大学(今北京大学)的丁燮林、国立北京师范大学的张贻惠,清华大学的叶企孙、梅贻琦、杨光弼,国立东南大学的张准、胡先骕,福建协和大学的马丁(F.C.Martin),金陵大学的琼斯(E.J.Jones),燕京大学的达林(A.M.Darling)等国内外知名一流教授。

叶企孙在科教兴国方面所做的主要工作如下。

1. 创建中国物理学会,联络国内外物理学前沿

1931年10月,清华大学与北京大学联名邀请国际联盟(League of Nations)中国教育考察团成员之一的法国物理学家朗之万(Paul Langevin,1872—1946)教授北上讲学。朗之万建议中国物理学工作者联合起来成立中国物理学会,还建议中国物理学会加入国际纯粹与应用物理学联合会,参加

1933 年在芝加哥召开的世界物理协会年会。叶企孙是这项建议的最深刻的认同者，会议结束后他便积极筹备成立中国物理学会，并为此忙了整整 8 个月。1932 年 8 月 22 日，来自全国的代表在国立清华大学科学馆举行中国物理学会第一次年会，选举产生中国物理学会第一届理事会，会长为李书华，副会长为叶企孙等。1933 年 8 月，中国物理学会第二届年会在铁道部交通大学（今上海交通大学）举行，叶企孙请其学生施士元向与会者报告他跟随居里夫人开展研究的情况，其中对锕系元素的核能级的确定在当时是最前沿的。

中国物理学会是与国外物理学家联系的纽带，从 1932 年到 1948 年，先后推举法国物理学家朗之万，印度物理学家拉曼（C. V. Raman），美国物理学家密立根（R. A. Millikan）、康普顿（K. T. Compton）、康普顿（A. H. Compton）和英国物理学家布莱克特（P. M. S. Blackett）、布拉格（W. H. Bragg）、狄拉克（P.A.M. Dirac）、法国物理学家法布里（C. Fabry）、约里奥-居里（F. J. Curie）等人为中国物理学会名誉会员。中国物理学会主办的《中国物理学报》于 1933 年创刊，用英、法、德三种文字印行，附中文摘要，促进国内外同行交流。1935 年，中国物理学会会长李书华与副会长叶企孙联名发表《中国物理学会关于度量衡标准制单位名称与定义问题呈教育部文》，指出当时使用的度量衡标准制存在定义不准确、条文疏误、单位名称不妥等违背科学精神的问题，提出改进意见[①]。

在 1936 年 8 月北平燕京大学和国立清华大学举行的中国物理学会第五届年会上，叶企孙当选为中国物理学会会长。中国物理学会的成立和学术活动的开展促成了 1934 年朗缪尔（I. Langmuir）、1935 年狄拉克和 1937 年玻尔（N. Bohr）的来华访问，他们分别在北平、上海等地开展学术交流活动，加强了中国与国际物理学界前沿的联系。在抗战异常困难的时期，叶企孙努力维系中国物理学会的活动没有中止，始终坚持实事求是、一心为公。

1951 年 8 月，中国物理学会在北京举行新中国成立后的第一届会员代表大会。叶企孙在会上做《现代中国的物理学成就》的报告，主要内容是 1900—1950 年中国物理学的成长、发展，物理学工作者与国外发表的重要论文和取

---

① 叶铭汉，戴念祖，李艳平. 叶企孙文存. 北京：首都师范大学出版社，2013：212-219；李书华，叶企孙. 中国物理学会关于度量衡标准制单位名称与定义问题呈教育部文. 国立北平图书馆，1935，3(4): 51-56.

得的成果。统计显示，1900—1950年中国物理学家撰写并发表的论文（文章）有700余篇。这些成就主要是在叶企孙亲自参与为中国科学事业奋斗的30多年内取得的，听其报告的与会者为之振奋。

2. 主持公费留学生考选，加快中国科技发展步伐

叶企孙深感发展中国科学事业非一己或少数人之力所能成，所以回国后他就竭力瞄准世界各门科学发展的前沿，在中国发现合适的人才，在对其培养的同时注意到中国的空白和薄弱学科，鼓励并引导他们，将他们送到走在那个学科前沿的大学和科研机构去研修或工作，助推中国的科学工作尽快跟上世界发展的步伐。

1932年，国立清华大学成立以梅贻琦为首的美国"庚款"公费留美招考委员会，考选工作由叶企孙负责，这个难得的机会使他有可能高瞻远瞩地为中国制定学科规划，培育人才。他在这方面尽心尽力的工作成为其一生最重要的成就之一，也为科教兴国发挥着显著的长效作用，影响此后50余年。叶企孙经常阅读《自然》(Nature)杂志，关注科学技术的最新发展，结合中国的学科缺门情况在自家客厅里与常来家中的学生交谈，引导学生讨论，鼓励他们依据自己的兴趣去补缺。学生们就是从他那里获悉海洋学、地震、地球物理、地质板块学说、航空和高速空气动力学、湍流、金属学、金相热处理、无线电和电真空、气象学、大地测量、水文学、信息论、天文望远镜、矿物学、潮汐和海浪、酶和蛋白质、生物化学、遗传学和物种变异、植物保护、森林和沙漠、地下水等新的概念和科学技术前沿知识的。

叶企孙总结了晚清以来中国数以万计的出国留学生的历史经验，展现出其在培养人才方面通盘考虑的长远谋略和宏图大计。他精心挑选出国深造的项目，用广博深厚而又细致入微的知识积淀作为基础，广泛征求各方面专家的意见，根据科学发展的趋势和国家的急需，兼顾纯科学、应用技术和人文科学，高瞻远瞩地提出中国当时急需的国防科技等方向，引导学生报考空白或薄弱学科出国深造。而后，他又通过设置科学的程序，制订严密的考选计划，面向全国所有大学公开招考，坚持公开、公平原则，择优录取，有意识地挑选有潜力的苗子出国留学。他尽可能地节省费用，提高学生留学深造的效率，要求所有录取的公费生必须在国内对应专业水平较高的大学补修所考

专业的基础知识，一年后才予放行，由叶企孙为每个人选定补修学校及指导教师，以最少的付出获得最有利于国家发展的结果。由于当时不少招考的专业都属于国际科学的前沿，国内高校尚无对应专业，叶企孙就亲自指导。他确保付出最少、成才最快、发挥作用最大，极大地提高了留学生深造的效益，在中国一百余年的留学中效益之高空前绝后，使清华大学的公费留学考试在中国选拔和培养人才方面发挥了极大作用。钱学森、赵九章、龚祖同、王竹溪、夏鼐、张光斗、张宗燧、马大猷、汪德熙、屠守锷、胡宁、杨振宁等中国众多科技领军人才就是通过这种途径被选拔出来的。

叶企孙立足科学、全盘布局、心系国家发展而引导学生的事例众多。1931年，他与饶毓泰联名推荐吴大猷，使其成长为在世界物理学界享有盛誉的物理学家。由于叶企孙在主持美国"庚款"留学工作中的成效卓著，1942年"中英庚款"留学生的工作也请叶企孙参加。钱伟长、王大珩、彭桓武、林家翘、郭永怀、钱临照、余瑞璜等知名学者都是通过"中英庚款"考试出国留学的。1946年春，叶企孙与吴大猷一起破格挑选当时正上大二的李政道到美国芝加哥大学物理系研究生院留学攻读博士研究生学位。几十年后，获得诺贝尔物理学奖的李政道仍记得叶企孙当时对他说的话："实验不行，理论再好，也不可给100分。"

从1933年的第一届到1944年的第六届，"中美庚款"留学考试共录选234人，成才率极高，半数以上的人都成为中国科学院院士，多数成为中国科技领域的开拓者和奠基人。他们引领中国部分科技领域进入世界前沿，对当时中国的抗战、世界反法西斯战争以及1949年后新中国的建设和"两弹一星"工程的发展发挥了不可替代的作用。

3. 建设清华特种研究所，发展卫国尖端技术

叶企孙充分利用自己的专长，为国家发展各种尖端技术殚精竭虑。

空气动力学家冯·卡门（von Kármán）在其自传[①]中叙述：受清华大学理学院院长叶企孙邀请，他于1929年2月访问国立清华大学，"在北平和南京的大学里，教授空气动力学"，并建议创办航空工程专业，开设航空方面讲座，

---

① von Kármán T, Edson L. The Wind and Beyond: Theodore von Kármán: Pioneer in Aviation and Path Finder in Space. New York: Little Brown and Company, 1967.

当时国立清华大学校长罗家伦因不了解而未引起重视,使叶企孙发展中国航空专业的愿望未能实现,但这却是历史上中国航空专业发展抹不掉的起点。

1932 年夏,叶企孙任国立清华大学研究所委员会主席,做出托在法国留学的学生施士元向其导师居里夫人购进 50 毫克镭装配到赵忠尧的核物理实验室使用的惊人之举,这是中国最早使用镭做实验,显示出叶企孙具有长远眼光。

1934 年 8 月 15 日,国立清华大学呈文教育部,"鉴于国内需要,拟即举办特种研究及理工特别设备",内容涉及国情、航空、水工、工业化学,先创办农业研究所和航空研究所。叶企孙辞去物理系主任一职,受托立即投入筹划几个与国防相关的特种研究所的建立工作,当时国民政府与国立清华大学有秘密协议,有特殊拨款,有明确的目标,就是阻止日本间谍和日本安插在中国政府内的汉奸对维护国家权利的破坏。这一协议仅有梅贻琦、叶企孙、顾毓秀等极少人知道,也就不为社会所知[①]。

第一个建立的是农业研究所,并且"先办病害、虫害两组"[②]。1934 年建立第二个研究所——无线电研究所,该所注重各种真空管的制造和测量,短波无线电的设计,以及短波军用无线电机、秘密军用无线电话的研究,培养专门的电信人才。1936 年建立第三个研究所——航空研究所,史料证明,该所实际筹划工作可能早到叶企孙请美国知名航空专家冯·卡门到访的 1929 年就开始了。该所与中央政府秘密合作,地点设在南昌,研究飞机构造、航空气象等问题,研制飞机制造材料,做风洞试验等,1937 年在南昌建成了比当时加州理工学院的风洞还大 50%的世界上最大的风洞。航空研究所搬到昆明后分为空气动力学组和高空气象组,其中空气动力学组由冯桂连负责,高空气象组由叶企孙高足赵九章负责。第四个研究所是金属研究所,注重以 X 射线研究金属及合金的性质与微观结构,以辅助国家工业机关解决所用钢铁及其他金属材料问题,1936 年建于长沙。

1936 年 2 月 27 日,清华大学校务会议议决设置特种研究事业筹划委员会,由叶企孙召集。此后 1939 年 8 月又成立国情普查研究所。特种研究所委员会委员有叶企孙、梅贻琦、陈岱孙、施嘉炀、李继侗、李楫祥、戴芳澜、

---

① 虞昊. 叶企孙. 北京:金城出版社,2011:217-220.
② 刘述礼,黄延复. 梅贻琦教育论著选. 北京:人民教育出版社,1993:72.

庄前鼎、任之恭、陈达、吴有训，叶企孙为主任委员。国立西南联合大学（简称西南联大）时期，特种研究所从长沙迁往昆明。即便叶企孙到重庆任中央研究院总干事，特种研究所也始终由叶企孙主持和独立管理，在行政管理与经费支出方面与西南联大无关，所属人员最多时不过二三百人，因其保密性也少见报刊史籍记载。但它开了中国大学科研与国家急需的实际应用密切结合的先河，对抗战和中国各项先进技术的发展发挥了无可比伦的作用。

特种研究所即便在极为艰苦的条件下也做出了较高水平的研究，1942年金属研究所将余瑞璜的三篇论文寄给英国《自然》杂志，并得到全部发表，其中《从X光衍射的相对强度计算绝对强度》一文发表时，还发表了英国皇家学会会员、伯明翰大学物理系教授威尔逊（A. J. C. Wilson）的同一题目的文章。后来威尔逊写信给余瑞璜说，自己的文章是在余瑞璜的文章启发下写的，而那篇文章是他认为自己一生中所写最好的文章，被引用的次数比其他所有文章引用的总和还多，余瑞璜因此在中国学部委员制产生初始就当选第一届数理化学学部委员[①]。

特种研究所的"特"在于服务于国家最急迫最重大的需要，定位于用尖端技术解决现实中急需解决的重大问题，而非关在象牙塔中闭门造车。叶企孙依照教学研究一体的思路，利用自己广博的知识和前卫的见识对各研究所的专家挑选与配置进行精心安排，其中有吴有训、任之恭、余瑞璜、范绪筠、孟昭英、赵忠尧、黄子卿、华罗庚、王竹溪、赵九章、殷宏章、娄成后和汤佩松，似乎有张文裕和天文学家戴文赛共15人左右。人数虽少，抱负颇大……在为国效忠和为国储才上这也是一个最集中和最高潮时期，担负着科教兴国的核心职能。

4. 为全国学术前途出任中央研究院总干事

中央研究院于1928年6月9日正式成立，是当时中国最高的学术研究机构，隶属于国民政府，首任院长是蔡元培。由于创办中央研究院的主要成员是中国科学社社员，因此中央研究院成立后接替了中国科学社在国际上作为中国科学界官方代表的位置，叶企孙因是中国科学社主要成员而与中央研究

[①] 1993年10月，中华人民共和国国务院第十一次常务会议决定，将中国科学院学部委员改称中国科学院院士。

院有较近学缘，1935年6月，叶企孙当选中央研究院第一届评议会数理组评议员。1940年3月5日，中央研究院院长蔡元培病逝。9月，国民政府任命朱家骅代理该院院长，朱家骅就任院长前总干事为任鸿隽，朱家骅上任后任鸿隽即辞职，朱家骅盼叶企孙出任该院总干事，经过与梅贻琦反复沟通，接受了叶企孙继续兼任国立清华大学特种研究所委员会主席的前提条件。叶企孙致函梅贻琦认为，"然因该院之发展与全国学术前途之关系甚大，亦未尝不可尽其绵力，逐渐使该院之研究事业更上轨道"，并表示自己"然爱护学校之心，与时俱进；一旦他就，实不免徘徊兼顾；余力所及，自当在不支薪之条件下为母校稍尽义务"①。其时中央研究院只设院长一人，无副院长，朱家骅是兼任，总干事实际负责全院行政和学术研究工作。

1941年9月，叶企孙赴重庆就任中央研究院总干事，他认为"中研院要吾担任总干事的理由，是因为吾对于各门科学略知门径，且对于学者间的纠纷尚能公平处理，使能各展所长"。院长朱家骅忙于党务，叶企孙声明："吾不愿到他的党务机关去商讨中研院的事务，希望他每星期到中研院两小时，以便商讨院务。他应允了。"②事实上，叶企孙出任总干事正是抗战处于极度艰难的时期，他力主中央研究院各所应为抗战急需服务。1942年创办中央研究院《学术汇刊》，利用与英国生物化学家李约瑟博士（Dr.Joseph Needham）的知交获得大量学术刊物以及当时中国急需的研究仪器与设备。为研究院争取经费、维持各研究所拨款、出版刊物、开展与国防相关的研究课题、搜罗各国学术期刊、延聘研究人员等，在这特殊时期为中央研究院以至全国的科学发展发挥了重要作用。在叶企孙心中，普及科学知识，让更多人认识科学的重要性，是科教兴国的大事。

1943年8月，叶企孙对中央研究院的一些人政治色彩太浓看不惯，对他的秘书何成钧说："现在的科学家对政治的兴趣都太大了。"③加上其他因素，叶企孙不顾朱家骅的再三挽留，坚决辞去中央研究院总干事一职，返回西南

---

① 叶企孙.1941年9月3日为中央研究院总干事职致梅贻琦校长//叶铭汉，戴念祖，李艳平. 叶企孙文存. 北京：首都师范大学出版社，2013：237.
② 虞昊，黄延复. 中国科技的基石——叶企孙和科学大师们. 2版. 上海：复旦大学出版社，2008：27-28.
③ 虞昊，黄延复. 中国科技的基石——叶企孙和科学大师们. 2版. 上海：复旦大学出版社，2008：386-387.

联大。

1948年3月，中央研究院首次评选院士，经过几番推荐和评议，共选出81位院士。其中物理学方向有叶企孙、李书华、饶毓泰、吴有训、赵忠尧、严济慈、吴大猷7人，叶企孙的好友萨本栋当选工程技术方向的院士。

可见，在科教兴国方面，叶企孙比当时的很多科学家、教育家走得更深、更远、更有效。

（二）叶企孙科教兴国成效卓著

与其他人不同的是，叶企孙运用自己杰出的才能和高尚的品格，通过高效的工作，更加执着地参与科教兴国事业，培养了在20世纪直接承担"两弹一星"研发、从事直接提升国家竞争力的关键科研项目以及获得诺贝尔奖的学生，行动效果更为显著。

从1929年清华大学物理系第一届毕业生到1938年的第十届，共毕业本科生71人，他们后来都成为社会中坚、国家栋梁。其中当选中国科学院院士的有21人，当选美国国家科学院院士的有2人，成才率之高，实为罕见。其中代表人物有：世界上第一个发现反西格玛负超子并在国家需要的时候毅然说"我愿以身许国"的"两弹一星"功勋王淦昌，中国卫星头号功臣、地理学家赵九章，中国原子弹氢弹理论的奠基人之一彭桓武，"中国原子能之父"钱三强和力学家钱伟长，有"中国居里夫人"美誉的才女核物理学家何泽慧，中国现代光学技术与工程先驱王大珩、周同庆，世界应用数学大师、美国国家科学院院士林家翘，世界电磁场理论一代宗师、美国国家工程院院士戴振铎，中国统计物理奠基人王竹溪，中国受控核聚变装置总设计师李整武，中国卫星测控第一人陈芳允，国际光学最高奖获得者龚祖同，理论物理学家张宗燧、胡宁，核物理学家施士元，固体物理学家葛庭燧，地球物理学家翁文波、傅承义及秦馨菱，还有后来从政的郁钟正（改名于光远），等等。1933—1939年毕业于清华大学理科研究所的学生有晶体学家陆学善（1933年，中国科学院院士）、胡乾善（1936年）、谢毓章（1939年）等。清华大学理学院其他系毕业生或学生中当选院士的有许宝禄（美国国家科学院院士）、华罗庚、袁翰青、张大煜、汪德熙、曹本熹、张青莲、冯新德、朱亚杰、严东生（肄）、肖伦、时钧、陈冠荣、武迟、高振恒、王世真、王伏雄、王志均、娄成后、张伯声（旧制）、徐仁、黄绍显、程纯枢、谢义炳、王鸿祯、叶笃正、池际尚、关士聪、杨遵仪、宋叔和等 34 人。连同物理系当选院士的总计 55 人，他们成为 20 世纪下半叶中国科学发展的中坚力量。

（三）从叶企孙高效的工作中寻找科教兴国的密码

叶企孙的工作取得了超越他人的显著成效，这并非无缘无故，其中的奥秘并不专属于他一人，也不完全归功于他，而是蕴含着社会进步与国家兴盛的密码。

1. 明了人类文明前行方向

在清华大学求学期间，叶企孙收获最大的不只是学业，还有爱心——爱人、爱家、爱国，这成为他一生的行为准则。后来的留学又使他拓宽眼界，他真正以人类文明进步作为教育的方向，引导学生睁眼看世界，朝着符合人类文明前进的方向发展自己，从整个人类文明前进方向来看清、定位自己的方向。

科教兴国必须认清人类文明的前进方向，并找到每个人的个性化定位，不能侥幸，不能贪巧，不能悬置，也不能拖延，更不能采取鸵鸟心态或者阴谋心态来处理方向问题。不要用标准答案式的思维强制确定方向，关键是要进一步开放，要虚心学习包括我们自己在内的全人类文明的优秀成果。同时，又要对包括中国在内的全人类文明中的一些错误东西进行辨别，要培养学生的这种能力，并由他们依据自己的社会体验运用这种能力做出自主判定，从而形成整体强大的力量，只有这样才能真正科教兴国。

2. 具有深沉持久的兴国激情

1915 年 1 月 9 日晚，清华大学大礼堂放映科学电影，并有人演讲地质学，叶企孙对"高等科者听者寥寥。中等科虽甚多，而不能理解。故趣味索然，不觉倦而鼾睡矣"很不满，对讲者"尔等学生当注重科学之理解，以探天地之奥窍，以谋人群之幸福。庶几国家日进于富强，而种族得免于淘汰矣"[①]感慨尤深，"免于淘汰"成为叶企孙终生不竭的动力。

---

① 叶铭汉，戴念祖，李艳平. 叶企孙文存. 北京：首都师范大学出版社，2013：315.

1915年1月14日，叶企孙在日记中写道："祖国以巨万金钱供给留学生，当知何艰难困苦。谋祖国之福，而乃敷衍从事，不亦悲乎。"[①]1915年3月18日下午，叶企孙听了校医布大夫题为《科学对于理想及实用之关系》的报告，在日记中详细记录下如下内容："中国人虽于古时能发明指南车、纸、笔、印刷术、火药及种痘等，然普通人民无科学知识……然于科学及制造上，则执迷不悟，故步自封，卒致毫无进步可言""中国者中国人之地也。中国人之地，而与他人为争利之天演场，而己犹鼾睡、毫无自振之精神，亦可哀也。惟推厥原因，则由于实业之不振。实业之不振，则由于科学之不发达"[②]。这位布大夫的话无疑对心智健全的中国青年人产生了强大的冲击力，叶企孙对此产生共鸣并付诸实践，他的科学救国的理念开始生成，并影响日后选择科学的人生取向。

祖国的盛与衰、兴与乱，转化为叶企孙沉浸在科学海洋中不断向前探索和超越的动力。

3. 关注并瞄准人类科学前沿

叶企孙契合了孔子所说"十有五而志于学"，他的第一篇习作《考正商功》写于1914年，当时他才16岁，此后便一直广泛阅读科学报刊，与商务印书馆、中华书局、美国数学杂志社、科学杂志社建立联系，频频给出版社和杂志社投稿，第一时间知悉各领域新的发展。

1923年，叶企孙在美国拿到博士学位后并未直接回国，而是到当时科学的前沿——欧洲，先后参观了德国、法国、荷兰、比利时和英国的一些大学的物理研究所和实验室，让他感触最深的是当时培养诺贝尔奖获得者最多的研究机构——英国剑桥大学卡文迪许实验室（Cavendish Laboratory）。他坚持到现代科学的发源地和当时科学十分发达的欧洲亲眼看看科技文明是怎么发展的，以有效利用科学振兴国家和民族。

当年，叶企孙除了敏锐地注意国际上科学前沿的成就并及时学习外，还注意要与站在科学前沿的科学家交往的重要性。在那个年代，这些科学家主要集中在欧洲，特别是德国的哥廷根大学、柏林大学，英国的剑桥大学卡文

[①] 叶铭汉，戴念祖，李艳平. 叶企孙文存. 北京：首都师范大学出版社，2013：317.
[②] 叶铭汉，戴念祖，李艳平. 叶企孙文存. 北京：首都师范大学出版社，2013：334.

迪许实验室和荷兰的莱顿大学等。叶企孙的欧洲之行收获极大，奠定了他一生科学教育救国事业的基础。他后来创建清华大学物理系的办学思想正是基于仔细考察欧洲顶级大学所获得的感性认识，以及与世界现代科学大师们所结下的缘分。之后他自己或派他的学生多次到欧洲考察、学术休假和进修，与欧美国家的这些科学家和大师打交道，这对他的学术造诣、思想、作风以及日后各项科教事业的成就产生了极大的影响，从多个方面持续支撑了他的梦想实现。

叶企孙时刻关注世界科学前沿，派合适的人选去进修学习，又注重吸引优秀教师到清华大学任教。1927年夏，他把赵忠尧派到加州理工学院深造。叶企孙在清华大学的住处——北院7号的客厅和书房里，桌上、地板上到处是一堆堆的书，来访师生谈得最多的是有关学术和科学技术的国际动态、国家的需要。清华大学理学院凡有教师外出，都被要求带回所到之处最新的科研资料。

4. 志愿以专业为人生，并建立专业人员能有效发挥作用的社会机制

1968年，叶企孙说道："从中学求学时期起……我的大部分时间用在读书和作算学题，使我逐渐养成依靠专业谋生的人生目标。"[①]叶企孙在学生时代就显现出学者型特质，不但用功读书，成绩都好，而且能求真正的学问，在书本或者实验室里找到自己的快乐，认定学问为终生的事业，以"学者"的态度看待和讨论问题，找到证据再下断语，多读些课外书籍，多得了些学问知识，便心满意足了。

1931年秋，叶企孙的学生赵忠尧再访英国剑桥大学卡文迪许实验室时，卢瑟福（E. Rutherford）颇有感触地说："从前你们中国人在我们这儿念书的很多，成绩不错，但是一回去就听不到声音了，希望你回去继续搞科研。"[②]叶企孙和赵忠尧谨记这点，并尽力保障从国外回国的教师可以继续从事之前的研究。

"你们明白自己的使命吗？"这是叶企孙在得知王淦昌参加学生运动差点儿被军警枪伤时的诘问，也是他自己不断对自己的诘问。正是这样不断诘问，

[①] 虞昊，黄延复. 中国科技的基石——叶企孙和科学大师们. 2版. 上海：复旦大学出版社，2008：13.
[②] 赵忠尧. 企孙先生的典范应该永存//钱伟长. 一代师表叶企孙. 2版. 上海：上海科学技术出版社，2013：22.

才使得叶企孙对自己的使命时刻了然于心，就是要把科学的种子播撒到合适的对象心中，惠及华夏子孙。他在实践中摸索到实现这一目标的最佳方式就是教授治校，兼容并包，广育英才，并在此找到自己心灵的归属。因此，他在清华大学执着追求教授治校，严格遵循议事规则，拒绝外行人进入学校管理层，把不懂科学、不闻学术、不谙教育的人扫地出门。

5. 重做而非重讲

1926年秋，清华大学拟定本科四年，并设定17个系，已开出课程的系中就有物理学系。当时中国已有多所大学高调开设各种课程，但大多偏重于课堂上说理，对学生的实际操作毫无训练，只能空谈研究却不知研究为何事。叶企孙深知此弊，狠抓实验，培养学生的动手能力，要求学生必须学木工、金工和机械制图课，隔周或一个月有一次不预告的测试，讲热力学时要求每人制作一支温度计，将理论与实验联系起来，让科学基于实验在中国扎根。

叶企孙深知自然科学要以实验为基础，1925年，他回国任教之际就注重实验积累，并于1929年与郑衍芬合作编著《初等物理实验》，由清华大学刊行，以解决当时高中物理课仅仅背课文、背公式却无实验的问题。在《初等物理实验》"编者自序"中坦言，若开不出物理实验，"与其徒设此科，实不如暂缺之为愈"①。

叶企孙打比方说：实验的许多事实为物理的基础及材料，物理的理论则为屋上门窗、墙壁等，房屋的门有两种，一种是沟通屋内各部分，一种是沟通屋之内外。物理学里也有这两种性质不同的理论。理论与实验的关系则有多种，包括见解+实验→定律→理论、见解→实验→理论、实验→定律→理论、理论→实验，并一一举出实例加以说明。鉴于"我们民族的观察力好像很不好"②，他要求学生改正不肯多用时间做实验的缺点。

1928年，清华大学物理系第四级共招了6名学生，叶企孙对新生既热情关怀，又要求严格。据郑一善回忆，叶企孙在审查了他的中学和入学考试成绩后说："还好，但你没有做过物理实验，应予补做。"经过筛选，这级学生

---

① 钱伟长. 一代师表叶企孙. 2版. 上海：上海科学技术出版社，2013：313.
② 叶企孙. 物理学及其应用——在西南联大物理学会的演讲//叶铭汉，戴念祖，李艳平. 叶企孙文存（增订本）. 北京：科学出版社，2018：225.

后来从物理系毕业的仅郑一善和赫崇本两人。叶企孙对学生在实验上严格要求，要求每个学生从借用仪器设备开始，独立自主地做实验，每个教师也都有自己的实验科研课题，自制实验仪器。叶企孙直白地告诉学生："我的学生是不给好仪器的。"他不是怕学生损坏仪器，而是要给学生训练实验技巧的机会，使其成为不只会做操作按钮者。在设施建设方面，据1931年统计，清华大学物理实验室有仪器3000多种，如迈克尔逊光谱仪、光波干涉仪、静电计、布拉格分光计、真空管多种，短短几年就成为全国物理学科研和教学的中心。

6. 理论与应用并重

1929年11月22日，《国立清华大学校刊》发表叶企孙在清华大学科学会的演讲稿《中国科学界之过去现在及将来》，陈述了西洋科学输入中国的四个时期：自利玛窦（Matteo Ricci）入中国到1720年为完全接受和中西兼用时期；1720—1850年为闭关和轻视时期，这期间由于欧洲科学进步快，中国损失重大；1850—1900年为中体西用的不彻底输入时期；1900年后，中国有人认识到，自然科学代表整个文化，需要用以改进人生，继而阐述中国教育与科学的落后，对科学的信仰不够，提出"纯粹科学与应用科学需要两者并重"。最后叶企孙直言："有人疑中国民族不适宜于研究科学。我觉得这些说法太没有根据。中国在最近期内方明白研究科学的重要，我们还没有经过长时期的试验，还不能说我们缺少研究科学的能力。惟有希望大家共同努力去做科学研究，五十年后再下断语。诸君要知道，没有自然科学的民族，决不能在现代文明中立住！"[①]

7. 重质不重量

1931年9月，叶企孙在《清华消夏周刊·迎新专号》上撰文《物理系概况》介绍清华大学物理系，"本系幸成为全国学术中心之一""科目之分配，则理论与实验并重，重质而不重量"[②]。每班专修物理者不超过14人，强调"重质不重量"的方针数年来颇著成效：物理系毕业生施士元任国立中央大学

---

① 叶企孙. 中国科学界之过去现在及将来//叶铭汉，戴念祖，李艳平. 叶企孙文存（增订本）. 北京：科学出版社，2018：173-174.
② 叶企孙. 物理系概况//叶铭汉，戴念祖，李艳平. 叶企孙文存（增订本）. 北京：科学出版社，2018：177.

物理系主任，周同庆任国立北京大学物理系教授，王淦昌任国立山东大学物理学教授。1929 年考入清华大学物理系的 11 人，仅毕业 5 人，淘汰率为 54.6%；1930 年入学 13 人，淘汰率为 69.4%；1932 年入学 28 人，淘汰率为 82.8%。于是有人以此为借口，批判叶企孙"重质不重量"是用大量淘汰的办法选拔少数天才，在 1952 年后遭到批判。实际情况是淘汰也是一种新的发现。经过一年攻读，凡是大学普通物理成绩不及中等的都不得留在物理系，系主任叶企孙要对每个学生亲自面试考查，对于不合适的，叶企孙指点他们另选其他合适的系。陈新民就是被吴有训看出更适合学化学而转入化学系的，胡乔木（鼎新）因更喜欢文史而转到历史系。按照叶企孙的设想，为保证高质量教学，每班不过 14 人，或者说每年有 10 个这样的学生，则 10 年就会有 100 个优秀的，甚至可站在世界前沿的高才生。这样的大学物理系培养人才的价值是以倾国之财也无处购买的。

实践证明，"重质不重量"收效显著。1929 年清华大学理学院创立后，各系发展迅速，使理学院成为当时清华大学最大也是最重要、最先进的一个学院。叶企孙最重要的贡献之一，是一手创建起在国内外科学界都有巨大影响的清华大学物理系和清华大学理学院，并为中国培育出数以千计的理科人才。中国众多知名科学家、院士、专家和学者都出自清华大学理学院。

8. 识别并引导学生发挥优势潜能，走到科学前沿

清华大学物理系第一届学生中的王淦昌和施士元是叶企孙磁石般的教学将其从化学系吸引到物理系的。当时，清华大学化学实验设备好，王淦昌做起化学实验就忘了一切，直到有人赶他离开实验室才感到肚子饿了。如此热爱化学的人，还是在上二年级时在叶企孙的厚爱、为人品德与教学的合力作用下，与施士元一起转到物理系的，二人成为物理系第一届四个学生中的两个。叶企孙推荐他们看《居里夫人传》，引得施士元后来真的去读了居里夫人的研究生。

1934 年，清华大学招考公费留学生，航空制造专业招不到合适的学生，当时成绩尚可的铁道部交通大学考生钱学森的"微积分及微分方程"仅考了 41 分，铁道部交通大学另一考生张光斗的这门课也只考了 43 分，而同年从清华大学物理系毕业的王竹溪和赵九章的该门成绩分别是 94 分和 71 分。叶企孙

慧眼识珠，并没有因为钱学森的"微积分及微分方程"没考好就放弃他，而是在后续的一年补修中给他开小灶。由于钱学森是外校学生，叶企孙就让他住在自己北院7号的家中，并引导他从铁道工程专业转向航空工程专业，推荐其到好友冯·卡门的门下攻读博士。此后，叶企孙又将钱伟长、林家翘、郭永怀推荐到冯·卡门的门下。

杨振宁赴美留学时，由于他之前就读的清华大学物理系一贯重视实验物理，所以其原定攻读博士学位的方向是原子物理的高压试验。杨振宁出国前，叶企孙安排杨振宁在西南联大时的硕士研究生导师王竹溪和在美国从事核物理研究的赵忠尧指导杨振宁出国深造，他们两人反复研究杨振宁在美国的研究工作，认为杨振宁的特长是理论，不宜从事实验物理，就联名给当时主管留美工作的梅贻琦写信，建议改变杨振宁的科研方向。最终杨振宁听从了两位名师的指导，于1949年改赴普林斯顿高等研究院做理论研究，并于7年后与李政道获得诺贝尔物理学奖。

不少学生感到叶企孙对自己的特点比本人了解得还清楚，毕业找工作时就请他作指导。叶企孙不止一次地对学生说，一个科学工作者不可能样样都会，要在一个方向上坚持下去，才能有所成就和有新的发现。

科教兴国的密码并非仅仅是若干数据，而是由个体与社会多重因素构成的多种复杂"符号"组合。叶企孙认同中西会通、古今融通、文理会通的教育理念，而且从自然科学角度独特地将其理解为学术并重、理工会通、理论与实验并重。

三、实施科教兴国战略既是创新也是传承

在科技迅速发展的当今，科教兴国需要用主要的精力创新，但创新有必需的条件和必要遵循的规律，获得这些条件与规律的认知并有效使用，便不能不了解前人做了什么，做得如何，也就是不能淡忘或丢失前人已经获得并有效运用的科教兴国密码。从这个意义上讲，实施科教兴国战略既需要创新，也需要传承。

（一）科教兴国行动需要初始条件，具有延续性

可以以一件事例说明。正是叶企孙和他的弟子们与世界前沿物理学界进行同步的追踪研究，对核物理学的全部理论和实验有了充分的了解，对相关发展动态高度敏感，才使得中国在一段时间里于核武器研究方面跻身世界大国之列。

1946 年，叶企孙的好友萨本栋任中央研究院总干事，一天，国防部一人打电话给他，两人在电话中相谈甚欢，说到战争形势，这位同乡长官不经意间透露美国发函给英、法、苏、中四个盟国，邀各国派代表观摩美国 1945 年 6 月 30 日在比基尼岛附近海域的一次震惊世界的杀伤性武器演习。国民政府国防部收到邀请函后开会研究，认为美方此举实为炫耀，对中方无多大实际意义，就没有当一回事，也不打算派人去。萨本栋感到这件事不一般，杀伤性武器可能就是"曼哈顿计划"所制造的原子弹。这是中国跟踪原子能研究前沿的好机会，于是他打报告给国防部竭力说服其派人参观，并推荐最合适的人选，叶企孙的开门弟子、时任中央大学物理系主任赵忠尧前往现场考察实况。该报告得到国防部的同意，使得访问得以成行。

1945 年 6 月 30 日，赵忠尧与其他国家的科学家一起登上美军"潘敏娜"号驱逐舰，秘密驶向离比基尼岛 24 千米的海面，实地观看了这次原子弹爆炸试验，并根据自己多年的研究将目测数据深深地记在脑海里，推测出这颗原子弹大约当量为 2 万吨，与多年后解密的数据基本无误差。当各国代表回国后，美联邦调查员发现中国代表失踪了。原来赵忠尧用萨本栋从国内秘密汇来的 12 万美元购买原子能研究的关键零散设备，准备回国组装。当时一台 200 万电子伏特的静电加速器最低价就是 40 万美元，赵忠尧就用自己的专业知识悄悄在美国大学里打工挣钱，加州大学劳伦斯（Lawrence）教授以月薪 500 美元聘用他，却被美国原子能委员会发现，下令外籍科学家不能到原子能实验室工作，否则以"危害美国利益"论处，逼得赵忠尧不得不在洛杉矶等地每天打 16 小时以上的零工挣钱。

1945 年 8 月 6 日，日本广岛原子弹爆炸后，叶企孙和他的弟子们立刻就明白了是怎么回事，王淦昌 10 天之后就向浙江大学全体师生做了介绍原子弹

原理的报告。

叶企孙的日记中有几条或许不太引人注意的记录：1947年4月11日，月函电钱三强，允拨5万美元为原子核物理之设备；6月7日，偕培源、重衡进城访树人，谈北大、清华及北平研究院关于设备原子核物理实验室之合作可能；1950年1月19日，美政府进行关于生产氢原子弹之初步试验工作；1月30日，美总统命令发展超级原子弹（氢原子弹）。

事实上，钱三强和其夫人何泽慧1948年夏一同回国后就住在老师叶企孙家中，一边在清华大学物理系任教，一边利用中华教育文化基金会的资金在北平研究院与何泽慧一起筹建原子学研究所，钱三强兼任所长。钱三强曾担任约里奥-居里夫人的助教，与何泽慧一起在居里夫人的实验室工作，因合作发现放射性元素铀的三分裂和四分裂现象而轰动欧洲，二人的照片被各大媒体竞相刊登。钱三强抗战前曾写过一封四千多字的长信给叶企孙，其中包括一些秘密提取以及获得放射源的机密，表示想将来带回中国工作，却因为战争延迟10年才回国。

1950年8月底，赵忠尧终于完成了购买加速器零部件的计划，把它们混乱地装进20多个箱子以迷惑特工检查，将其带上"威尔逊总统"号客轮以去欧亚旅行的名义驶离洛杉矶港开往香港，扣留钱学森数日的美国联邦调查局官员史蒂文（Steven）因查不出赵忠尧一行人的任何把柄，只好放行。9月12日，赵忠尧、罗时钧、沈善炯三人乘船经日本横滨，赵忠尧等三人又被驻日美军第八军扣留并关入秘密监狱。消息传出后，引发中国政府和人民团体的抗议，国际舆论和包括美国科学界与赵忠尧相熟的科学家们也提出强烈抗议，美军不得不于11月下旬释放赵忠尧等三人，他们于11月27日抵达香港。这就是叶企孙从事特种研究的"特种"学生。1955年中国科学院近代物理研究所就是在赵忠尧的支持下，利用他带回的零部件建成了中国第一台加速器，培养了一批批年轻的科技人员，并由他们在王淦昌、彭桓武、钱三强等专家的带领下成功制造出中国的原子弹和氢弹。

叶企孙主持特种研究所获得不少世界前沿性的科研成果，不少人成为此后中国各学科领域的奠基人和中国多个领域现代科学事业的铺路人。叶企孙和他志同道合的自然科学家们及他的弟子们共同奠定了中国的现代科教事业，他们人数不多，但由于方向正确和顽强的团队式拼搏精神而创造了奇迹。正因为此，若从中国当时的生产力水平和国民的经济生活状况看，中国与欧美等发达国家相比落后很多，但是从高科技领域来看，中国当时与技术最先进的国家相比差距却不大。正是留住了这些"青山"，才保障了后来研制"两弹一星"时"有柴可烧"。

1959年，彭德怀问王淦昌，在美苏严密封锁一切科技信息的情况下，中国自力更生实施中国596原子弹研制项目（简称"596工程"）有没有把握，王淦昌充满信心地给予肯定回答。这样回答的底气就在于经过叶企孙多年经营，王淦昌与美国"曼哈顿计划"的技术主持人、后来被誉为"美国原子弹之父"的奥本海默（J. R. Oppenheimer）都是玻恩（M. Born）同时期的学生。而彭桓武于20世纪30年代师从玻恩时，量子力学已经大有发展，更有条件后来居上。还有程开甲与杨立铭于1946年师从玻恩，西南联大毕业的黄昆于1947年到爱丁堡大学跟随玻恩做研究。

1988年10月24日，邓小平在北京正负电子对撞机建成时说："如果六十年代以来中国没有原子弹、氢弹，没有发射卫星，中国就不能叫有重要影响的大国，就没有现在这样的国际地位。"[①]中国快速制造出原子弹、氢弹，依靠的是哪些人？首先就是清华大学第一级（1929级）毕业生、被外国报刊誉为"中国的奥本海默"（即"中国原子弹之父"之意）的王淦昌，然后是钱三强、彭桓武、邓稼先、朱光亚、周光召、黄祖洽、于敏、唐孝威、汪德熙、程开甲、胡仁宇、何泽慧，其中除二人外都是叶企孙的弟子；而这除外的二人中，有一人则是他的大弟子王淦昌的学生。中国卫星上天后，被评为功臣的人依次是赵九章、钱骥、钱学森、王大珩、陈芳允……其中除一人外，又都是叶企孙的弟子。如果把王淦昌称为"中国原子弹之父"的话，那么叶企孙就是中国"两弹一星"真正的鼻祖和奠基人，是根和源，叶企孙早已为这些筹划奠定了基础，它对科教兴国产生的效果至少后延至30年后。在西南联大或清华大学特种研究所期间，叶企孙曾授业并学有所成的学生有张恩虬、陈芳允、何家麟、胡宁、李正武、王天眷、向仁生、张守廉、朱光亚、杨振

---

① 邓小平. 邓小平文选（第三卷）. 北京：人民出版社，1993：279.

宁、李政道、屠守锷（清华大学航空系 1941 年公费留学生）等。西南联大物理系毕业生中后来成为著名科学家的还有黄昆、戴传曾、李荫远、萧健、徐叙瑢、邓稼先等。1955—1957 年，中国科学院 190 位学部委员中有 118 人为西南联大校友。

（二）每个人的科学人生组成整个国家的科教兴国

由于历史条件的限制，在一段时间内中国科学与科学家被边缘化，科教兴国也是在 1985 年后经过 10 年反复提出后才成为中央确认的基本国策的。

追踪历史可知，叶企孙热爱科学是受科学精神的感染，1916 年任鸿隽在叶企孙爱读的《科学》杂志第 2 卷第 1 期上发表《科学精神论》，直言"科学精神论者何？求真理是也"，哥白尼（Kopernik）、伽利略（Galileo）等人追求真理不畏强权的精神深深扎根在叶企孙的心中，并认为欧美近 200 年迅速超越文明悠久的中国的主要动因是崇尚科学精神，所以叶企孙的一生时时处处都彰显出科学精神，并把培养学生的科学精神始终放在心上。

叶企孙讲课因具有较强的逻辑性和层次分明而有吸引力，他除对物理概念和原理讲解深入透彻之外，每一门课往往以中国传统文化知识开题，涉及实验时又常常讲清其中的实验仪器、步骤、技巧，增加不少当年的最新进展，展望未来应用，在课末总忘不了鼓励学生去开拓。他会邀上学生在课余或假日散步、游园或到自己家中茶叙，趁机将课上未讲完的内容或某门学科的新知识讲给学生听。他时而拿出书架上的各种外文杂志，指出某文某页某段文字的概念、意义或价值何在，于无形中培养了学生查阅文献、辨识成果的习惯与技巧，引导学生跨入科学探索的途径与方法。

叶企孙这样做之意不只是教学生科学知识，而是播撒科学精神的种子，引导学生掌握科学方法，从而让学生自己能够不断获取新知识，坚持真理，有所创造，进入科学的人生。

叶企孙曾做过《科学与人生——自然科学对于现代人生的贡献》的讲演，主要阐述了自然科学对于现代人生的贡献。在阐述了原理、定律实为人类文明进步的基础，以及应科学提高人的能力，增长知识和提高工作与生产效率等方面后，叶企孙强调："一个进步的现代化国家，必须要有一种完备的组织，而完备的组织又必须仰于合理的、科学的、严密的管理。""一个国家的强盛，必须要能做到'人尽其用'。要'人尽其用'，便要有合理的适当的'选任'。""如有智力特高的天才，国家可以尽量培植，而不致使人才埋没。"最后他总结道："科学对于人生有莫大的帮助。二者之间，具有亲切的关系。在一个现代国家中，每个人都应该重视科学，提倡研究的精神，使科学能够有日新月异的进步，那么这个国家就没有不强盛的。"①

叶企孙从青少年时期组织科学会，寻求科学方法，传播科学精神才是他终生不辍的追求，他的终极目标是实现科学人生。每个人的科学人生组成了整个国家的科教兴国。

（三）科教兴国需要秉持科学态度，不违常理常识

淡忘与丢失科教兴国密码源于态度中的主观性太强、科学性太弱。科学的态度首先表现为正视、承认和尊重历史，遵循规律。

科教兴国的极简原理就是尊重、包容、培养并充分发挥每个人的天性，让他们自由自主探索走向科学前沿，瞄准国家、社会的问题，运用科学求得解决。这个过程的每个环节都要尽可能地创设适合的条件，叶企孙的成就在于凭一己之力，充分利用自己可利用的资源，培养出中国几代科学精英。倘若再加上1946年后叶企孙在清华大学、北京大学所培养的学生，入其门的优秀人才比迄今国际上任何一个学者主持的"物理中心"或"学派"都要多。

进一步推进科教兴国就是需要创设适当的法律、制度、机制和政策环境，使众多像叶企孙那样有天赋与抱负的人能走到当代科学发展的前沿，能解决当地急需解决的科学与社会问题，能与国际上最优秀的科学家结交成亲密群体，紧跟世界科学的潮流，能挑选出有天分的青年学生将其培养成顶尖的科学家，有能力创造性地紧跟世界科学前沿解决中国发展中遇到的难题。这个过程中每个环节的障碍与摩擦越少，科教兴国就越能有效推进，消除各个环节的障碍，让有创造天赋的人形成共育创造才能的共同体，服务于国家社会，就是最有效的科教兴国。

---

① 叶企孙. 科学与人生——自然科学对于现代人生的贡献//叶铭汉，戴念祖，李艳平. 叶企孙文存（增订本）. 北京：科学出版社，2018：222-223.

目录

代序　寻找科教兴国的密码……………………………储朝晖（i）

第一编　洞悉一流大学

叶企孙先生与建设世界一流大学
　　——纪念叶企孙先生诞辰125周年………………王义遒（3）
数智时代的教育
　　——面向未来的西浦国际化教育探索……………席酉民（31）
如何选拔和培育教育强国之师？……………………杨德广（40）
世界一流大学与一流学科建设鲜为人知的经验………洪成文（49）
"双一流"建设评价体系：内涵、分类与标准建构………冯用军（60）

第二编　追望科教先贤

如何从一般走向一流
　　——叶企孙在清华物理系的教育实践评析……胡升华（69）
为了忘却的怀念
　　——回忆晚年的叶企孙………………………戴念祖（83）
从叶企孙先生两位学生身上解读科学精神…………刘佩华（98）
叶企孙先生高等教育思想与智慧探析…………任增元　李欣欣（105）
怀念叶企孙，与文明同行……………………………梁昌年（118）

第三编　培育科学新人

像叶企孙那样做教育…………………………………周文臣（133）
北京师范大学附属实验中学科技教育的管理改进
　　……………………………北京师范大学附属实验中学（143）
健全保障机制　多元拓展科学教育…………………王　萍（149）
科学教育机制与项目化学习融合协同育人……孙　宁　华宝玲（157）

附录　媒体报道选

瞩望一流大学与一流教育家，为科教兴国夯实根基
　　……………………………………………教育改进社员村（165）
一流大学与一流教育家暨叶企孙先生诞辰125周年纪念大会
　　在西交利物浦大学举办………………领导与教育前沿院（177）

后记……………………………………………………………（191）

第一编 洞悉一流大学

叶企孙先生与建设世界一流大学

——纪念叶企孙先生诞辰 125 周年[①]

王义遒

摘要：本文从亲炙叶企孙先生的恩惠说起，阐发了他的办学理念和做法，叙述了他的家国情怀与高尚品德；说明了他以"科学救国"与"教育救国"为主旨，奋不顾身地与学生一起为挽救民族危亡而进行的可歌可泣的伟大斗争。他知人善任，发展了国家急需的尖端科学技术，为新中国的"两弹一星"事业奠定了人力资源基础。本文基于叶企孙的办学实践，阐释了一流大学的使命，他是当下建设世界一流大学的楷模。一流大学不是"办"出来的，而是在一批像叶先生这样的大师们熏陶与感染出来的环境与氛围中砥砺奋进建成的。

关键词：叶企孙；重质不重量；科学救国；教育救国；知人善任；一流大学

叶企孙先生是我国物理学的奠基人之一，他于 1926 年创办清华大学物理系，1929 年成立清华大学理学院，同时兼任系主任和院长。10 年后，清华大学理学院已经步入中国一流理学院行列。2018 年在纪念叶企孙先生诞辰 120

[①] 本文是作者为一流大学与一流教育家暨叶企孙先生诞辰 125 周年纪念大会撰写，并在会上做了报告，本文定稿前得到了阎凤桥、储朝晖、沈文钦、蒋凯等人提出的修改意见。后发表于《高等理科教育》2023 年第 5 期 1-15 页，收入本书中时内容略有修改。本文作者王义遒为北京大学原教授。

周年之际，我说过，要是问问叶先生如何建设一流大学，特别是世界一流大学的问题，他会说："我没有想过。"确实如此，因为这符合他的本性，他少年时就秉持"宗旨忌远"、"议论忌高"、朴实低调的为人风格。所以，我从所见到的他的为人说起。

一、我所感受到的叶企孙先生的为人

我于1951年10月进清华大学物理系读书，第二年10月清华大学物理系几乎"一锅端"地合并到北京大学物理系。那时叶先生任清华大学校务委员会主任（相当于校长），但在这一年中，我从未见过他以校务委员会主任的身份跟学生讲话，学校的各种活动都是由党委书记何东昌出来讲话的，洋洋洒洒很有气势。记得当时正在开展知识分子"思想改造"运动，主要是批判亲美、崇美、恐美思想，也涉及高级知识分子清高、骄傲自大、文人相轻、看不起劳动人民等"资产阶级思想"。有些检讨批判会也有学生参加，接受教育。在这种会上，有的教授自我批评与检讨得相当深刻，甚至会痛哭流涕。我很诧异教授怎么还有这种"肮脏"的思想行为。一次物理系会上，大家发现叶企孙先生没有到会，他虽是校务委员会主任，但也是物理系教授，应该参加会议。有人认为他可能是公务繁忙，抽不出身来。但有些人不信，要到他家里去看看他是否在家。于是大家就派高年级学生到他家里去。学生回来后反馈，叶先生在家，并没有处理公务而是在读宋词，不肯来参会。这样，叶先生"只读宋词，不理校政"的说法就满天飞了。我想他这位身为校务委员会主任的"准校长"是有职无权的，而且自己早年就确定了"不谈政治"的原则，乐得能不管就不管。当然，我想他对不少事实际上是有看法的，出于无奈只好不言。听说（那时我进城搞"五反"运动去了，不在校内）他在全校干部会或师生会上还做过三次检讨，最后才算"拖着尾巴过关"。组织上认为他在群众中已无"威信"，因而只好就"只读宋词，不理校政"了。我想，这是他的无可奈何、无所作为的一种消极态度的表现而已。

后来，全国高等学校院系调整开始，清华大学文理科与北京大学、燕京大学的文理科合并，搬迁到原燕京大学校址并成立新北京大学。对此清华大学多数人想不通，甚至多数学生也认为清华大学物理系是国内最好的，不愿被调整出去。不少人希望叶先生能出面向上面反映，取消合并搬迁。但他顾全大局，没有这样做，反而顺应形势，跟大家一起搬到了燕园。可是在这次调整中，他失去了所有行政职务，在北京大学他只是一位普通教授而已。

院系调整后要学习苏联的教学体制，教学计划、课程设置与原来不一样了。1952年上半年，叶企孙给三年级学生上"物性论"课，据说这门课程按照苏联教学计划是没有的，因而叶先生所讲的课成为"绝响"了。"物性论"是讲什么的？为什么要取消？我带着强烈的好奇心跟一两位同班同学去旁听了叶先生的课。我记得课程内容大概是讲固体的应力和应变。叶先生讲课时很是慢条斯理，有时有点儿口吃，讲完一个关键处，他会停顿一下，走到窗台边朝外看，让学生自己去思考。这就是他的讲课风格，因为我们是中间插进去听课的，当然没有全听懂。

到北京大学后，叶企孙没有了行政工作，只担任全国人大代表。在担任全国人大代表期间，他每次出去开会回来，总是让小车司机将车停在西校门外，自己走进学校，向门卫打招呼致礼，然后步行一段长路到镜春园76号的家。这体现了他作为大知识分子的谦逊和对劳动人民的尊敬。他曾教过一些普通物理基础课，1955年北京大学成立金属物理和磁学教研室，他担任教研室主任，并将磁学学科建立起来。1958年金属物理与磁学分开，他继续任磁学教研室主任，为国家培养了大批该方向的本科生和不少研究生。

后来我留校在光学教研室任助教，我的同级同学戴道生则在磁学教研室当助教，是叶先生的嫡传弟子。有一个星期天中午，我俩备课后从物理楼出来准备去食堂用餐，路上遇到叶先生正朝西校门方向走。他看到我们，说道："你们上午还在用功啊！走，跟我到莫斯科餐厅去打'牙祭'，奖励你们！"于是，我们一起乘坐公交车在北京展览馆旁边的莫斯科餐厅第一次享用了美味的俄式大餐。1957年我俩在去苏联留学前夕，叶先生又专门到莫斯科餐厅为我们设宴送行，叮嘱我们到苏联后要将先进的科学学到手，这体现了他对青年教师发自内心的爱护和奖掖后进之心。我听戴道生说，叶先生差不多每周都要叫磁学教研室的年轻教师和学生到他家里去讨论科学进展与学习情况。他还特别注意创造实验条件，亲自带着助教开设"磁分析"课程，制作仪器设备。他发现测量磁性材料参数，必须彻底淬火后才能得到同样的结果，这很重要。

光学教研室之后引进了核磁共振等波谱学新技术，开始招收研究生。萧国屏便是这个方向的第一位研究生，光学教研室没有在这个方向带研究生资格的教师，就请叶先生作为导师，因为磁共振也可以说是磁学的一个方向。三年困难时期，萧国屏得了肺病，需要补充营养，叶先生就叫他每天到自己家里去喝牛奶（当年叶先生有高级知识分子的牛奶补贴），由此可见他对学生的关爱。叶先生对学生既关爱，又谦逊，还严格要求。叶先生1964年带磁学专门化毕业生陈佩云做毕业论文，学生向他请教问题时，他说："我那时学的是老玻尔理论，你们现在学的是铁磁量子理论。新东西我也不太懂，我们一起学吧！"但是当陈佩云用左手重重地翻着外文书页时，叶先生就生气了，说道："像你这样翻书，用不了多久图书馆的书就全被翻烂了，图书馆进洋文书不容易！"说完，他亲自示范如何轻柔地翻页。从这些细节可以看出叶先生严格要求的品格与风范。

我因从事波谱学研究，被分到无线电电子学系，1963年后主要在北京昌平，1969年后又去了陕西汉中分校，因而平日见到叶先生的机会不多。但是叶先生家是我当时去过次数最多的老师们的家。一是因为他家离我家较近；二是有一段时间，中国人民银行北大分理处就设在叶先生住的镜春园76号大院内的侧屋，我们的工资都发到该行存折里，需要用钱时就到那里提取。于是，有时就顺路到叶先生家里坐坐，聊聊天。聊的内容大都已忘了，但记得他跟我讲起过《梦溪笔谈》这部书和中国古代科技史方面的事情，这当然跟他当时研究科学史有关。这样直到"文化大革命"开始，我受到冲击，基本不能回家住了。但1966年底和次年春节似乎松动了一些，我就到叶先生家里去看看，见到他当时还好，坐在屋前边晒太阳边看书，见到我就和我进屋聊天了。我看还有工友给他做饭，就放心了。谁知那次竟是永别。之后我到了陕西汉中，直到1979年才回京，得知叶先生已过世了，我十分惊愕和悲痛不已。

由上述的零星接触已可知，叶先生是一位关心爱护学生、奖掖后进、尊重他人，凡事能独立思考，但又不固执己见、朴实低调、和善谦逊、可敬可亲、学识高深的大学者。上面所述只是我个人与叶先生相处中的一点感受。

后来我陆续读了几本关于叶先生的书①及一些文章,对叶先生有了比较全面的了解,从而使我对他的办学理念和实践与当下建设世界一流大学的关系有了一些思考。建设一流大学首先要立德树人,培养一流人才,将我国建成人才强国,所以下文叙述一下叶先生的办学思路与做法。

二、叶企孙先生的办学思路与做法

叶先生创办了清华大学物理系和理学院,还曾几次短期代理过清华大学校长,主持过西南联大的全面校务,所以他对办好大学是有系统思考的。1931年9月,叶先生在《清华消夏周刊·迎新专号》发表了《物理系概况》一文,说明他的办学理念。他先是介绍近年延聘的名师,接着写道:"在教课方面,本系只授学生以基本知识,使能于毕业后,或从事于研究,或从事于应用,或从事于中等教育,各得门径,以求上进。课目之分配,则理论与实验并重,重质而不重量。每班专修物理学者,其人数务求限制之,使不超过约十四人,其用意在不使青年徒废光阴于彼所不能学者。"②下面分几个方面进行论述。

(一)延聘名师与建设师资队伍

从《物理系概况》一文来看,叶先生办学校,将物色好教师作为第一要务。梅贻琦说:"所谓大学者,非谓有大楼之谓也,有大师之谓也。"叶先生通过三条渠道来延聘名师:一是从清华大学学生中在国外学有所成、取得高学位的人中物色,这类人其实当年还不出名,他是看中了他们的发展潜力;二是直接从国外已有名声的科学家中物色合适的人选,主要是中国人,也可以是外国人,但当年肯来中国长期执教的外国人极少;三是从国内其他大学延聘有真才实学、具有声誉的教授。清华大学因有叶企孙等人,所以名声在外,又有"庚款"支持,经济条件较好,所以第三条渠道还算比较成功。不

---

① 读过并参考的书:虞昊,黄延复. 中国科技的基石——叶企孙和科学大师们. 北京:复旦大学出版社,2000;钱伟长. 一代师表叶企孙. 2版. 上海:上海科学技术出版社,2013;储朝晖. 叶企孙画传. 成都:四川教育出版社,2016;邢军纪. 最后的大师:叶企孙和他的时代. 北京:北京十月文艺出版社,2010;储朝晖. 文明的历程:怀念叶企孙. 北京:科学出版社,2019;朱邦芬. 清华物理八十年. 北京:清华大学出版社,2006;叶铭汉,戴念祖,李艳平. 叶企孙文存(增订本). 北京:科学出版社,2018.

② 叶铭汉,戴念祖,李艳平. 叶企孙文存(增订本). 北京:科学出版社,2018:177.

过，叶先生的做法也是通情达理，留有余地，优势互补，而绝不以邻为壑；绝不一味地以高薪资与好条件来做"诱饵"，进行恶性竞争。当年叶先生想将山东大学教近代物理的任之恭教授延聘到清华大学任教，以发展物理系的无线电学科方向，他就让刚从国外回来的王淦昌教授去换，两全其美。这样，清华大学物理系的师资就逐渐充实：从1926年成立时只有梅贻琦和叶企孙两位教授（叶企孙是当年才提升的，还兼任系主任），1928年就聘到了吴有训和萨本栋两位，1929年又请到了周培源，1932年来了赵忠尧，1934年任之恭教授到任，1936年霍秉权任教授。这里除吴有训、赵忠尧和霍秉权三人不是清华大学毕业出国留学者外，其他都是清华人。叶企孙对非清华人一视同仁，并且礼贤下士。吴有训到清华大学的时候，系主任叶企孙将其工资定得比他本人的还高，1934年又将系主任一职让位给吴有训。1928年清华正式成为大学，1929年成立理学院，叶企孙为院长，1937年他又将院长一职让给了吴有训。到1936年，清华大学物理系已有9位教授和23位讲师助教。不过后者中绝大多数任职一至几年后即被叶先生派赴欧美各国去留学深造攻读研究生，回来后多数是各个学科方向的领军人物，成为名师。其中包括陆学善、施汝为、龚祖同、赵九章、傅承义、王大珩等一批人，他们后来有些是"两弹一星"元勋，基本上都当选院士。

　　叶先生知人善任，不拘一格用人才。算学系主任熊庆来在数学期刊上发现了一篇优秀文章，作者竟是只有初中学历、做过店员和中学庶务员的华罗庚。熊庆来就跟清华大学理学院院长叶企孙商量，将华罗庚聘为助理。这件事引起学院内同事们的争执，叶先生力排众议一锤定音，"我希望大家认真看看华罗庚先生的文章再说话""清华出了个华罗庚是一件好事，不要被资格所限定"。后来他们又允许华罗庚随算学系本科生上课。华罗庚利用这个机会博览群书、深入钻研，在日本数学期刊上又发表了一篇论文。1933年，叶先生就以清华大学理学院院长的名义正式聘任华罗庚为助教，1936年又推荐他到剑桥大学深造，他逐步成为世界著名的大数学家。叶先生1930年休假到德国访学，没有聘到名师，却物色到了一位技术精湛的实验技师海因策（Heinze），将其改聘为助教。原是勤杂工的阎裕昌，叶先生看他心灵手巧，就叫他帮助教师上课做演示实验，修理仪器设备，成为职员（仪器管理员，相当于目前的实验员）；抗战期间，阎裕昌被叶先生派到冀中抗日根据地制造地雷、炸药、子弹，发挥了重要作用，1942年在日军大扫荡中不幸被捕，后来壮烈牺牲。

叶先生实事求是，非常谦虚，对自己要求极高。1930年，冯秉铨等三位毕业生在离校前夕跟叶先生设宴告别，叶先生喝了几杯酒，微有醉意，对他们说："我教书不好，对不住你们，可是有一点对得住你们的，那就是，我请来教你们的先生个个比我强。"冯秉铨后来任华南工学院院长，上述的话是20世纪70年代冯秉铨在写给叶先生的信中提到的。冯秉铨还说："这些话，您可能记不起来了……40多年来我可能犯过不少错误，但有一点可以告慰于您，那就是，我从来不搞文人相轻，从来不嫉妒比我强的人。"可见叶先生的人品非常高尚，做到了陶行知先生所说的"以教人者教己"。因此，叶先生能够聘到大量名师，使清华大学物理系的教学和科研很快领先全国。不过名师并不一定是课讲得最好的，能激发学生兴趣就好。吴有训曾说过："在理科的任一学科中，真正的好学生不是教成的，最多数的部分不过是：①指示正当的途径，不致其走入歧途，白费光阴；②给予工作上种种鼓励，俾使自奋自勉。这一类学生是可遇不可求的，每一年级中能得一两个已是幸运。"所以，好教师要能根据学生的个性为其指引方向，并鼓励他们发奋自学进行研究。

叶先生对那些不好好备课、教学质量差、不负责任的教师，也不留情面，予以解职，宁缺毋滥。有一位教师，讲课囫囵吞枣，照本宣科，既不提问，也无作业，叶先生就当机立断停聘了此教师。叶先生从来不背后议论别人的短处，处事光明正大，因而清华大学理学院的师资队伍阵容十分强大，人员十分团结。

（二）强调基础

叶先生强调"本系只授学生以基本知识"。基本知识是一切科学的根底，根底不牢，建不成大厦。学懂基本知识，就要通过深入思考，彻底弄清基本概念，其本质是什么，边界在哪里，源于哪些基本事实。有了清晰的基本知识，就能掌握基本原理，才会应用知识，解决实际问题。吴有训1940年写的《理学院》一文，进一步发扬了叶先生的这个思想。他针对当年一些高校争着开"相对论""量子力学"等课程的情况说，当时"有些欧美留学生返国……开了一些高调而空虚的功课,如算学物理学等由普通至最深的课程,无不应有尽有,要是专以课程的名称,互相比较,中国的大学程度,似较世界任何大学为高。教者只是糊涂地教,学者只是糊涂地听,均在似懂非懂的微妙境地。这种高调的课程,对具有谈玄传统习尚的中国人,非常适合口味,结果学生对于实验常识,一无训练,唯日谈自由研究实不知研究为何事……"[①]这段话带有讽刺意味,重在"糊涂"两字,至今却仍然适用。当下一些学生甚至某些教师都不知道基本概念的重要性,以为"抠概念"是浪费时间。我对此有深刻教训。有一次清华大学一年级第一次月考,老师出了一道类似于这样的题目,一个人在 400 米长圆轨道上从起点到同地终点跑了 40 秒,问:该人跑的初速度是多少,平均速度是多少?我想这不简单?初速度为 0,平均速度当然是 10 米/秒。结果大错,平均速度也为 0,因为速度的定义是位移矢量除以跑过的时间。因为这趟跑的初终点相同,位移为 0,所以不管跑了多长时间,平均速度总为 0。这场考试我只得了 37 分,是我一生考试中成绩最差的一次,为此我非常懊恼。后来一想,这就是因为我不注意物理概念的定义。吃一堑,长一智,以后就好了。

原来这是清华大学物理系专门给新生的"下马威",因为很多中学生学物理只懂得算标准答案题,不讲究物理概念,这样物理思维就不可能清晰,就不能透彻地认识物理问题。钱伟长曾这样形容吴有训先生讲一年级普通物理基本概念时的情形:他总要从历史发展讲起,从生活或生产经验中得到的概念总是片面或不正确的,要经过有意识的实验观测,察觉矛盾,不断改进,才能形成正确的基本概念。所以这里的"基础",包含训练严谨的学习方法、思维方法和科学精神。

叶先生的教学能启发学生思考,对此,胡宁院士有一段精彩的回忆:叶先生"在讲课的同时对他所讲的物理问题仔细地分析和推敲,就像他也是和我们一样初次接触到这个问题,听课的同学也自然地受到他的感染而跟他一起思考。当叶先生每次得出一个重要结论和导出一个重要的公式时,我们都有像是首次共同发现这些结果那样的新鲜感。他的讲解总是非常清楚并且重

---

① 虞昊. 物理实验是素质教育的极重要环节——纪念叶企荪师诞生 100 周年. 物理实验, 1998, 18(6): 1-3.

点突出，有时他站在窗前无言地思考一段时间，同学们也都鸦雀无声地等待着。……叶先生作为一个实验物理教师，却在讲课中显示出对理论有很深的修养，讲得既生动又有启发。他在讲完一个课题后总是指给我们有关的参考书，使我们感到像是被叶先生引进一个胜景之中，看到里面很多美的东西，但是更美的东西还在更里面……要我们自己进去探求。这种启发我们进一步追求真理的身教和引导，是叶先生教学思想中最宝贵的部分"[①]。

不过，叶先生强调基础、注重基础知识和基本原理的学习，并不意味着他的教学与科学前沿及实际应用脱节。相反，他虽然每年都讲同一门课，却经常阅读最新的科技刊物，将同一物理原理的新应用、新前沿充实到讲课内容中，因此他的课是常讲常新的。这一点钱伟长深有体会，1939年叶先生要从昆明西南联大到重庆去任中央研究院总干事，就将物理系二年级热力学课程的讲课任务转给钱伟长。钱伟长听过叶先生讲的热力学课，自认为学得不错，就满口答应。叶先生给了他五堂课的讲课笔记（其中两堂课叶先生已讲了），以便钱伟长讲课时能衔接他的课。后来钱伟长发现，这些讲课笔记的内容虽然原理还是那些熟知的热力学定律，但所引实例已经完全变了。钱伟长以前学的实例都是关于气体运动的，而叶先生的新讲稿里却已变成金属的热力学性质了。这些都是第二次世界大战引发的新成果，都是从金属学学术期刊上找来的。这让钱伟长备受教育，同一门课的教学内容是要与科学前沿的新发展和新应用接轨并随时更新的。也就是说，基础也是常新的。

叶先生的物理系基础知识，不仅包括数理化等学科方向的，还包括文科方向的，他要求理科学生必须选修一两门文科课程，以开阔视野。他要求学生能"三通"，即中西会通、古今融通、文理会通。他本人就是一位"三通"的模范。他还会因材施教、因人而异地提出自己的看法。他相当了解每个学生的性格、志趣与特长，所以对很多学生的选课，他会提出自己的建议。例如，他要侧重于学理论物理的胡宁去选读朱自清先生讲的《宋诗》，这对胡宁之后的研究和为人帮助很大。新中国成立后，特别是1952年全国高等学校院系调整之后，这种要求就消失了，直到20世纪末才重新提出要求，要提高大

[①] 叶企孙. 初等物理实验//叶铭汉，戴念祖，李艳平. 叶企孙文存（增订本）. 北京：科学出版社，2018：491.

学生的文化素养。

（三）注重实验

叶先生认为"自然科学以实验为基础"[①]。他注意到当年一般高中生都没有自己动手做过实验，抗战中及稍后几年更是如此，我在高中就没有做过实验。1928年入学的郑一善（当年清华大学物理系仅招收3人）在中学没有做过实验，叶先生就叫他补做。1929年，叶先生索性带着助教郑衍芬编写了一本《初等物理实验》讲义，内有40个实验，其中30个为基本实验，分为三类，每类各10个，一类注重实验现象及其因果关系，一类证明数量关系，一类是应用；还有10个可根据仪器设备情况来选择。讲义后面还附有仪器设备的供应商及价格，实用性很强，可供各高校甚至中学参考。这些实验不仅可以锻炼学生的动手能力，而且有助于澄清物理概念。叶先生不允许学生不重视实验。李政道二年级的"电磁学"课是叶先生教的，他看到李政道在读内容更为高深的书［似乎是杰克逊（J. D. Jackson）的《经典电动力学》，也称《电学原理》］，就说："你不必来上我的课，期终参加考试就可以了。但是，实验你一定要做，实验是很重要的。"期末考试理论部分满分是60分，李政道答得很好，有点儿小错，得了58分；实验成绩占40分，李政道只得了25分，仅仅及格。这是因为李政道不小心弄断了一台珍贵电流计的悬丝。这样总分就是83分，这份试卷保存至今。李政道对此印象深刻，虽然他一直搞理论物理，却十分重视实验。吴有训认为："有些学生，对于用脑的工作，表现很差，或竟不行，唯对于用手的工作，特别灵巧，这类学生也可对实验的科学有很大的成就。国内科学教育对这类学生，似乎值得特别留意。"

当时清华大学的相当一部分实验仪器设备是教师与技工自己制造的。在吴有训先生回国前，为了能让他继续从事原在国外做的X射线实验，叶先生想方设法准备好了一台X射线设备。他还请吴先生在美国采购制造电子管的设备，以备自己制造电子管。为了确保赵忠尧先生回国能继续做放射性和核物理研究，叶先生通过在居里夫人实验室工作的学生施士元购得了50毫克镭。在北京大学创办磁学专门组，叶先生首先带着青年教师安装实验设备，

[①] 钱伟长. 一代师表叶企孙. 2版. 上海：上海科学技术出版社，2013：96-97.

开设"磁分析"这样实验性很强的课程。正像吴有训先生在《理学院》一文中所写："对于实验技术，手眼的训练，特加留意，如木工、金工及吹玻璃等，表面看来，似极烦琐。其实实验工作之能否成功，有时全在这些工作之是否精妙。"[①]我曾考察过所有诺贝尔物理学奖项，发现有 1/3 以上都是因在实验技术上的突破而发现新现象、开辟新领域的。通过精湛技术得到超冷原子光学黏团而获得 1997 年诺贝尔物理学奖的美籍华裔学者朱棣文说过："我是一名工程师！"因发明光频精密测量技术荣获 2005 年诺贝尔物理学奖的约翰·霍尔（J. L. Hall），不但物理概念清晰，而且身怀绝技。实验室采购到一批光学器件（如各种透镜、棱镜等），虽然它们的性能指标符合规格，但经叶先生亲自一个个察看后，却将几个扔到一边，说它们不能用；而我反复察看，却看不出它们与那些可用的光学器件有什么区别。清华大学物理系建立了木工、金工和玻璃工场，很多实验仪器设备都是老师带着学生自己动手做出来的。连温度计，叶先生讲热力学时都要求每个学生做一支。国际上 1929 年才发明盖革计数器，1930 年清华大学就能自己制造，并将其纳入近代物理实验设备中。清华大学物理系曾一反中国传统知识分子鄙薄技术、视其为雕虫小技的陈腐风气，举办过教授吹玻璃比赛，孟昭英先生得第一，成为一时佳话。1930 年，叶先生去德国哥廷根大学等地进修，后来季羡林先生也去了该大学学习，叶先生曾对季先生说，哥廷根大学有的仪器设备还不如清华大学的，他们 19 世纪的天平还在用。

在"五唯"（唯论文、唯帽子、唯职称、唯学历、唯奖项）风气泛滥的情况下，许多科研成果主要还是要依靠国外进口仪器设备来完成。一些高校对于自制仪器设备的工厂，或取消或转为盈利企业。很多技工即使有很大本事，待遇都因不在考虑之列而太低，进而失去激励效果。相比美国、英国等国家重点实验室，如美国天体物理联合实验室（JILA）和英国国家物理实验室（NPL），其工资最高的一位是处理材料的化工技师，一位是吹玻璃技师。但在我国，有的高校还受到"劳心者治人，劳力者治于人"这一套过时陈腐观念的限制，技师与技工地位很低。

---

① 吴有训. 清华大学理学院概况//郭奕玲，沈慧君. 吴有训的科学贡献：吴有训科学论著、讲演、文稿、谈话篇. 厦门：鹭江出版社，1997：143.

叶先生十分重视实验，非常尊重实验员、技工等人。当年学生往往将实验员、技工和勤杂人员称为"听差"的，叶先生就让学生称呼仪器管理员阎裕昌为"先生"。另外，上面说过，叶先生到德国进修期间，虽然没有请来德国名师到国内任教，却请来了一位技术精湛的实验技师海因策，还将其提升为助教，对提高清华大学物理系的实验技术水平起到了很好的作用。

（四）招生少而精，因材施教

叶先生对招生人数的限制，既体现了"重质不重量"原则，也是"因材施教"的具体落实。清华大学物理系抗战前的招生名额确实没有超过 15 人的，毕业生往往大体上也是这个数，个别甚至还超过了招生数。但是仔细看名单，会发现毕业生名单与招生名单并不相符。这说明，被招进来的一部分学生在中间被"淘汰"了。清华大学物理系规定，一年级普通物理考试不足 70 分的，不能继续读物理系，可以转到别的系去；毕业时一些人则是从别的院系甚至别的大学转来的。不过总的说来，清华大学理学院的淘汰率是比较高的，毕业人数有时还不到招生人数的一半，尤其是算学系。但被淘汰者真正离校的是极少数，多数是转到别的院系去了，那里可能更适合学生个人的兴趣与学力，从而学得更好。比如，1931 年"高考状元"陈新民，原是报物理系的，经叶先生了解后，建议他转到化学系，认为化学系更适合他。后来陈新民当选中国科学院第一届化学部学部委员。曾任北京大学副校长的朱德熙在物理系读了一年后就转入中文系，后来成为我国顶尖的语言学家。有出就有进，1925 年入学清华大学的王淦昌，原在化学系，他对做化学实验很着迷，但听了叶企孙先生的"普通物理"课后，又觉得物理学内容精彩深邃。在叶先生的劝导下，王淦昌第二年就转入物理系，成为清华大学物理系第一届毕业生，后来是"两弹一星功勋奖章"获得者。1931 年钱伟长报考清华大学时，文科成绩得了满分，但理科只考了 18 分，原定是报中文系或历史系的。当年发生九一八事变，年轻人都义愤填膺要抗击日本侵略，钱伟长认为学文史"远水救不了近火"，决心转到物理系为国家制造飞机、大炮杀敌，就缠住当年教"普通物理"的吴有训要求转系。吴先生与叶先生商量后，觉得这位青年意志坚定，就决定让他试读一年，如理科都考到 70 分以上就收他入系。钱伟长经过刻苦努力，居然物理、数学成绩都考到85分以上，因此正式成为物理系学生，他后来在力学研究领域做出了很大成绩。1945年，李政道经束星北教授推荐，得到吴大猷和叶企孙先生的同意，从迁到贵州湄潭的浙江大学物理系转到西南联大物理系，并且因为他学习优秀，1946年春，经吴大猷和叶企孙先生破格推荐到美国留学，攻读博士研究生学位，1957年与杨振宁共获诺贝尔物理学奖。

因材施教的一个突出案例是1934年从浙江大学转学到清华大学的二年级学生戴振铎。戴振铎天资聪颖，但活泼贪玩，爱参加各种活动，故学习成绩平平。叶先生对他特别关怀，要他在第一个暑假跟着自己到西山度假。戴振铎受宠若惊，就跟着叶先生去了西山。在此期间，叶先生给他讲了许多科学家的故事和中国算史，还常给他讲物理系学生的专长与嗜好，这让他特别感动。抗战前夕，戴振铎参加了清华大学南下请愿团，骑自行车到南京，叶先生叮嘱他路上要小心。叶先生的爱心与关心使他后来非常用功。抗战胜利以后，原已毕业在协和医院工作的戴振铎，跟着叶先生到位于昆明的无线电研究所任助教，又跟叶先生住在一起，受到先生的诸多教诲，后来成为国际闻名的无线电科学家。这表明叶先生和其他教师对学生的个性特长、兴趣爱好是很了解的，从而可以充分因材施教。如果在当年教授很少的情况下，招生人数多，他这个系主任就难以了解每个学生的个性特长了。

清华大学有个优良传统：每个新生入学，系主任总要找其谈一次话。我1951年入学时，系主任王竹溪先生跟我谈话，详细询问了我的学习情况，问我为什么在新乡参加高考（我在南昌高中毕业，因当时报考清华大学、北京大学必须在华北区或南方几个大城市报名，那时我父亲调到郑州工作，距离属于华北区的平原省会新乡只有黄河之隔，就在那里报名考试）。他让我免修英文，还纠正了我从中学起就被读错了的名字发音［王义遒（qiú）原来都被叫成王义猷（yóu）］，要我向同学说明。结果我没有坚持照着这样做，大家一直还喊我"王义猷"。直到1961年我从苏联留学回来，王先生已是北京大学副校长了，他要我汇报在苏的学习情况，知道别人还是叫我王义猷时，就跟无线电系系主任打了招呼，要求在全系大会上更正我的名字读法，从此我才得以"正名"。可见清华人的要求是很严格的。所以，这种"重质不重量"就是为了保证教育教学质量，使学生能发挥出个人的优势和潜质，毕业后的学生能个个顶用，在发展我国科学技术和实际应用上发挥重要作用，从而达到教育的最高目标。抗战胜利，清华大学复员回北平后，由于国家重建的需要，清华大学物理系招生人数大增，1946年就招了50人，直到1951年最后一次，也有38人（我是其中之一，另有一人录取后未入学），从未低于35人，最多的1949级人数达到68人。不过此时教授阵容已十分强大，远非20世纪二三十年代可比。因此，系领导还可以从任课教授那里了解到学生的情况，分别给予因材施教的指导。这批人毕业后，对新中国的各项建设事业，特别是对高等教育、物理探矿、"两弹一星"工程等发挥了重要作用。其中1947级周光召为"两弹一星功勋奖章"获得者；我们1951级就产生了4位两院院士（全国高等学校院系调整后该班并入北京大学，共有80多名学生，但后来当选院士的就是这4人）。

（五）重质不重量，实事求是、严格严谨的学风

重质不重量，是重要的科学规律之一。这不仅表现在培养人的数量上，而且反映在教学的科目与科研成果上。就培养人的数量来说，钱学森被阻挠回国的时候，一位美国将军说过："钱学森抵得上5个海军陆战师。"就论文数量来说，爱因斯坦（Einstein）的一篇广义相对论论文又能顶得上多少篇普通论文啊！叶先生宁肯将基础课讲得让学生吃透，让学生通晓物理学的精髓、思维方法、研究范式，从而能得到进一步深造和自学之道，却不求"教得糊涂""听得糊涂"的新课程之名。这就是叶企孙先生实事求是的办学特点：从实际出发，不图虚名。以上所述都是他科学务实作风的表现。叶先生定的一些规则也并非绝对的刚性，而是可根据实际情况，灵活通融处理。这里一点儿也没有私利考虑，完全从有助于学生发展和为国储才出发。

上面所说，允许钱伟长转入物理系就是一例，而将二年级学生李政道推荐到芝加哥大学去读博士研究生，更是有点儿让人匪夷所思，甚至受到芝加哥大学的质疑，怎么能派一个本科都没有毕业的学生去读博士研究生？为此，叶先生专门以西南联大的名义给芝加哥大学去信做了保证，说明李政道有能力读博。这是"重质不重量"和"因材施教"的范例，叶先生真是慧眼识珠

的高级伯乐。

冯秉铨读一年级时兴趣广泛，花在课外活动上的时间太多，以致数学成绩不及格。叶先生就叫他转学文科。冯秉铨向叶先生表明，自己是因平常习题做得少才导致此结果，决心今后一定改过。叶先生看他的决心是诚恳的，就允许他试读一年。这一年冯秉铨改掉了原有毛病，努力学习，一学期做了1000多道数学题，成绩大有提高，坚定了学物理的信心。这也是叶先生"因材施教"的体现。

1938年，杨振宁报考西南联大化学系（因他是跳级报考大学的，没有学过高中三年级的物理课，不敢报物理系），已经注册入学了。吴有训了解他的情况后（其父杨武之与叶先生和吴有训都很熟），就叫他改学物理，结果杨振宁的物理成绩优秀。1946年，推荐杨振宁公费到美国留学的时候，教育部原定其专业方向是高压电物理，以便他将来从事核能工作，但是叶企孙、吴有训等都知道杨振宁长于理论而实验动手能力不足，就以指派给杨振宁做留学计划的核物理教授赵忠尧和研究生导师王竹溪的名义给梅贻琦写信，要求教育部让杨振宁改学核物理理论，这样就能充分发挥杨振宁的专长。由此可见，叶先生办学是不落俗套、不死守常规的。

在学术问题上，叶先生非常严格、严谨，要求精益求精。他对李政道在实验上的扣分就是一个例子。化学系学生汪德熙上叶先生的热力学课，期末考试时他在答题中将一个数字的正负号弄颠倒了，结果显得十分荒唐。叶先生给这道题打了零分，为什么得到这么荒唐的结果自己还不检查一下呢？汪德熙后来就十分注意，工作中小心谨慎。1950年考入清华大学物理系的纪英楠，二年级时因院系调整到了北京大学，三年级上叶先生的"光学"课，他认为学物理主要是懂得"物"之"理"，对计算不大重视。期中考试时，他觉得题都会做，考得还好，最多只有些计算错误，无伤大雅。结果卷子发下来，分数比自己估计的低了20多分。这种只重视原理、对计算比较马虎的倾向在学生中很普遍，所以叶先生告诉大家：几何光学的内容是光学系统的设计原理和计算公式，光学系统的要求是很精密的，如果计算错误，岂不是设计全部白费？如果是实际工作，就会造成很大损失。他还进一步指出，要分析什么地方对误差影响最大，并举例做了说明。我也记得，在新中国成立后的头几年，清华大学物理系毕业生多数被分配到地质部门工作，搞物理探矿。物理系曾有校友回校给学弟学妹们分享工作经验，我印象最深刻的就是数字和小数点位数一定要准确，否则会造成灾难性后果。至于前述要求陈佩云小心翻阅外文书的事，更反映了叶先生对学生的行为小节也很注意，要求严格。

（六）教学与科研并重

叶企孙先生办清华大学物理系和理学院，是实现他"科学救国"梦想的一个实际行动。因此，他在教学中就贯彻了科研创新的思想，并在1929年刚成立理学院担任院长之际，就着手筹办理科研究所。他千方百计地配齐图书资料及实验设备等，为教师和学生开展科学研究服务。他的讲课风格是要求学生能进行独立思考，讲清楚每个科学概念的来龙去脉。同时，他还将相关科研方向的最新进展及应用介绍给学生。这种讲课方法大大提高了学生科学创新的意愿与兴趣，培养了学生的科学思维。因此，他的教学里就包含着科研，其成果蕴含在教学内容和学生的头脑里。这种成果是无法用有利可图的数字指标来衡量的，却是非常切实的。有时通过教学还可以澄清一些科学概念，例如，黄昆教授在北京大学教授"普通物理"时，就十分准确地廓清了苏联教科书中关于表面张力概念的阐述错误，同样对物理学的发展做出了贡献。

叶先生以身作则，密切联系实际，到清华大学任教后，他就带了几位助教首先对清华大学大礼堂的音响效果做了研究，从理论和实践上解决了大礼堂严重混响的问题，开创了国内建筑声学研究的先河。他在家里经常召集学生进行科学座谈，让低年级学生参加各种科学报告会。当年国际学者交流还不太多，但他一有机会，就会邀请国外著名学者到清华大学来做科学报告。曾来校做学术报告的有物理学家德拜（P. Debye）、索末菲（A. Sommerfeld）、玻尔、狄拉克、朗之万、朗缪尔、霍尔库姆（A. Holcombe）与杰克逊，数学家阿达玛（J. Hadamard），信息论创始者维纳（N. Wiener），航空航天工程家冯·卡门等。这些人都是世界一流的大科学家，说明当时清华大学的国际交流已经比较活跃，他们的报告使清华大学的学术地位大大提升。叶先生要求高年级学生跟着教师和助教参与到他们的科研项目中去，当助手，逐渐锻炼科研能力。当年清华大学本科生的毕业论文多少都能与国际科学前沿接轨，或能解决一些我国科技应用中的实际问题。例如，1935 年熊大缜的毕业论文题目就是《红外光照相术》，他在深夜拍摄出来的北京西山景观非常清晰；之后留校任助教，还设计建造了当时国内少见的大型连续冲洗暗室。1929 年，国际上出现了探测放射性的盖革计数器，半年后，清华大学助教余瑞璜就带着学生将它做出来了，并成为近代物理的实验设备。由于教学与科研相结合，清华大学物理系的科研工作活跃，几年之后他们的科研成果在中国就名列前茅。根据严济慈发表在《东方杂志》1935 年 32 卷第 1 号上的文章统计，从 1930 年到 1933 年的四年中，我国在国外主要科学期刊上发表的物理论文共 31 篇，其中清华大学就占了 11 篇。其中吴有训的一篇关于 X 射线散射的文章登上了 1930 年的《自然》。赵忠尧先生 1931 年访问英国剑桥大学卡文迪许实验室时，卢瑟福曾颇有感触地对他说："从前你们中国人在我们这儿念书的很多，成绩不错，但是一回去就听不到声音了，希望你回去继续搞科研。"[①]1932 年赵先生回到清华大学，1933 年就完成了一个关于电子对的产生与湮灭实验，这是继他在美国和德国完成该方向三个实验之后的第四个，研究成果发表在 1933 年的一期《自然》上。所以，当年清华大学物理系已经实现了叶先生的目标：成为"全国学术中心之一"。就大学来说，它甚至可以说已经是中国首屈一指的存在了。

三、叶企孙先生的家国情怀与世界一流大学的使命

世界一流大学的使命就是要引领国家达到世界一流的水平，为促进世界文明、构建人类命运共同体而做出贡献。"引领"是通过培养哲学、政法、经济、科技、文化与社会各方面的领军人物以及创新，使国家与民族呈现一流的面貌。因此，大学的主办者首先要胸怀国家，放眼世界，才能做到"立德树人"，培养出大批优秀人才。上面所说关于叶先生主办理科教育的一些思想与实践，集中在"才"的方面，人才首在"育人"，重在"立德"。叶先生从少年时期起就以"为国"作为"立德"宗旨，因而他萌发并逐步坚定

---

① 赵忠尧. 企孙先生的典范应该永存//钱伟长. 一代师表叶企孙. 2 版. 上海：上海科学技术出版社，2013：22.

了科学救国和教育救国的信念，前节所述就是他实现这种主张的真实写照。由他推荐曾任清华大学第一任工学院院长的顾毓琇说过："科学是怎样救中国的答案不在科学本身，而在中国的科学家。"所以"科学救国"的中心就是科学家救国。叶先生的强烈家国情怀、所作所为都是为了挽救和复兴受列强欺凌压迫乃至被瓜分的中华民族。他出身书香门第，对自己的思想行为经常反躬自省，自己有什么志趣、特长，适宜于何种事业，觉察到"知己比知人更难"。同时，他阅读了大量课外书籍与报刊，大大扩充了知识面，强烈地激发了爱国之心。他积极参加学校里的社团活动，还常给美国《中学科学和数学》（School Science and Mathematics）刊物"征答题"或"游戏数学"栏目写去巧妙的答案，答案得以选登，令人赞许。他确立自己要用科学来挽救国家命运的宗旨，立志为"科学救国"而献身。为达此目的，首先要使国人都受到良好教育，"教育救国"自然就与"科学救国"相伴而行，并贯彻终身。下面以具体事例加以阐释。

（一）科学的意义

叶企孙先生一生躬行科学救国、科教兴国的宗旨，首先在于他认识到我国近代受列强欺侮，是因为我们科学贫弱，不懂先进技术，百姓文化程度太低。他早年在看了一部讲述地质的电影后在日记中写道：电影"又谓尔等学生当重科学之理解，以探天地之奥窍，以谋人群之幸福。庶几国家日进于富强，而种族得免于淘汰矣"[①]。他深知"优胜劣汰""弱肉强食"的生存竞争法则，要靠科学来拯救国家。这点最强烈地反映在他对王淦昌的一次爱国行动的反应中。1926年3月18日，北京学生集会游行，抗议因日寇军舰侵占大沽口而被我军阻击竟引起八国联合发出要求中国撤防的"最后通牒"。这次学生游行请愿遭到了段祺瑞政府的残酷镇压，死伤200多人，史称"三一八"惨案。王淦昌参加了这次游行，当晚他穿着带血迹的衣服向叶先生诉说那天的血案。叶先生听后神色激动地盯着他说："谁叫你们去的？！你们明白自己的使命吗？一个国家，一个民族，为什么会挨打？为什么落后？你们明白吗？如果我们的国家有大唐帝国那般的强盛，这个世界上有谁敢欺侮我们？一个

---

① 叶铭汉，戴念祖，李艳平. 叶企孙文存（增订本）. 北京：科学出版社，2018：291.

国家与一个人一样，弱肉强食是亘古不变的法则，要想我们的国家不遭到外国人的凌辱，就只有靠科学！科学，只有科学才能拯救我们的民族……"[①]说罢泪下如雨。这种对救国的远见卓识、对学生的深情厚望，让王淦昌大受感动。我国早期教育家、东南大学原校长郭秉文说过："不发扬民族精神，无以救亡图存；非振兴科学，不足以安邦立国。"20世纪末在开展大学生文化素质教育工作的时候，华中科技大学原校长杨叔子院士也曾说过类似的话："一个国家，一个民族，没有先进的科技，一打就垮。一个国家，一个民族，没有先进的文化，不打自垮。"不过他将科学改成了科技。其实近代技术多数源于科学，科学比技术更为基础。关于这一点，陈寅恪也有着精辟论述。1919年他对吴宓说："今则凡留学生，皆学工程实业，其希慕富贵，不肯用力学问之意则一。而不知实业以科学为根本，不揣其本而治其末，充其极，只成下等之工匠，境遇学理略有变迁，则其技不复能用，所谓实用者乃成最不实用。至若天理人事之学，精深博奥者，亘万古、横九垓而不变，凡时凡地均可用之。而救国经世，尤以精神之学问（谓'形而上'之学）为根基。乃吾国留学生不知研究，且鄙弃之。"这些思想说透了科学对于一个国家和民族的神圣意义。叶先生还对中国人或中华民族不适于研究科学的谬论予以驳斥。1929年11月，他在清华大学校刊上发表《中国科学界之过去现在及将来》，在文中意味深长地写道："有人疑中国民族不适宜于研究科学。我觉得这些说法太没有根据。……惟有希望大家共同努力去做科学研究，五十年后再下断语。诸君要知道，没有自然科学的民族，决不能在现代文明中立住！"[②]他以身作则，养成了刻苦钻研科学、力图用科学处事的习惯。他在19岁时已将我国古代数学书籍差不多都读遍了，对所有算例都核对了一遍，并用近代数学方法加以验证，还改正了一些错误，从而写出来一篇文章《中国算学史略》，之后又钻研了天文学史，这说明他对科学的勤奋执着，也展现出他具有卓越的天赋。

---

① 王淦昌. 见物理系之筚路蓝缕，思叶老师之春风化雨//钱伟长. 一代师表叶企孙.2版.上海：上海科学技术出版社，2013：36.

② 叶企孙. 中国科学界之过去现在及将来//叶铭汉，戴念祖，李艳平. 叶企孙文存（增订本）. 北京：科学出版社，2018：173-174.

（二）科学的组织

叶先生知道，科学只靠少数人来研究是不成的，必须组织志同道合的人一起干。1915 年，他就与同学组织发起组织清华大学科学会，并制定了章程，其中有六条"训言"，包括"不谈政治""宗旨忌远""议论忌高"等。其中"不谈政治"并不表示叶先生不关心政治，相反，他非常关注国内外形势，他的日记中多有记载。但因当年政治上派系复杂，钩心斗角，互相倾轧，风气不好，他是为了防止将这类坏风气带到研究科学的社团里来才作此规定的。他的两个"忌"充分反映了他反对玄虚的务实作风。该学会每两周由会员轮流做科学报告，主题都是联系实际的。例如，《蝗虫之研究》报告是几位同学实地调查的成果。后来在美国留学时，叶先生担任了任鸿隽等人发起的中国科学驻美分社的会长一职，又搞了一个"谈话会"，经常组织一些科学讲座。1924 年，叶先生从美国回来，先在国立东南大学任教，就近参加中国科学会总会活动，并任《科学》杂志编辑。他回清华大学后，于 1929 年成立理学院之际，就建立了研究院，招收研究生，专门从事研究。他还是 1932 年创建的中国物理学会的积极发起人之一，第一次成立会议就是在清华大学召开的，他是首届副会长。他知道，要让物理学在中国繁荣发展，必须"众人拾柴"，所以他乐意从事这类组织工作。抗战前夕，清华大学就酝酿筹建特种研究所，以应对国家发展与国防急需。后来在西南联大，清华大学单独设立了一批研究所，其中有农业、航空、无线电、金属和国情普查五个研究所，还成立了特种研究所委员会，叶企孙任主任，并兼任农业研究所所长。这段经历使得生物学家汤佩松与理论物理学家王竹溪合作解决了植物细胞渗水机理的难题，成为学科交叉最早出成果的佳话。从这些研究所的名称中就可看出，它们都是抗战时期国家急需的，是战胜日寇、保障大后方经济社会发展所必需的。这表明叶先生以"以天下为己任"的心胸，在极其困难时期，几个研究所都取得了出色成绩，为国家承担起艰巨复杂的任务。

在昆明期间，叶先生还曾应中央研究院院长朱家骅之邀，去重庆担任中央研究院总干事一职，不过时间不到两年。他推测朱家骅要他去担任总干事，是因为他"对于各门科学略知门径，且对于学者间的纠纷尚能公平处理，使能各展所长"①。这从侧面证实了叶先生知识面很广，为人正直，襟怀坦荡，能公平处事。但他对朱家骅的官僚习气十分看不惯，再加上有些人事纠纷，后来就坚决辞去中央研究院总干事，回到生活较艰苦的昆明当教授去了。黄子卿教授十分称赞他："叶企孙的品德真令人佩服，昆明生活非常艰苦，我们差点儿饿死……他却跑到昆明吃苦来了。"

叶先生善于组织是与他谦逊坦荡的品格分不开的。关于此点，还有一个极好的例证。有一次叶先生讲课，快下课时一个学生提出一个问题，叶先生说："我回去想想再来解释。"后因叶先生有事临时请林家翘代课，并将学生的问题告诉他请他回答。林家翘上课一开始就说，"这个问题非常简单"，并指出关键立时解决。这件事看起来很小，但林家翘这样做是犯忌的，似乎他比叶先生更高明。但叶先生心胸宽广，毫不介意，反而在下一堂课上说："林先生天资聪颖过人，又肯努力钻研，来日必有辉煌成就。"顺便说一句，在重庆时，叶先生遇到了英国科学史专家李约瑟，两人谈得十分投机，李约瑟还给了他不少科技资料，建立了西南联大与英国之间的联系，这对叶先生后来从事科学史研究和西南联大能不断得到最新科技期刊来做前沿科研都很有帮助。

叶先生还有许多科学救国、知人善任的事迹。他认为科学既要求真理，也要为实用。当年国难当头，叶先生总是就他所了解的学生资质与志趣，给学生指点国家急需的尖端科学方向以求深造。1934年考上公派留美的钱学森，原在铁道部交通大学学的专业是铁道工程，叶先生考虑到中国铁道工程人才已不少，而航空工业人才几乎没有，就要他改学航空工程。但钱学森完全没有空气动力学方面的知识，叶先生就让他在清华大学进修一年相关课程，次年再出国求学，从而成就了我国航空航天事业的一位领军人物和"两弹一星"元勋。叶先生注意到陈芳允在一年级做普通物理实验时特别仔细、测量精确，抗战时就让他在清华大学无线电研究所搞测量。后来陈芳允是获得"两弹一星功勋奖章"的测控专家，率先提出我国建设北斗卫星导航系统的建议。同样，龚祖同和王大珩转向学习应用光学，其研究为我国填补了国防急需的光学工业空白；赵九章、傅承义和翁文波转向学习地球物理和气象，赫崇本

---

① 叶铭汉，戴念祖，李艳平. 叶企孙文存（增订本）. 北京：科学出版社，2018：617-618.

学海洋物理，葛庭燧与熊鸾翥学兵工弹道学，秦馨菱学地震勘探等。后来他们都成为相关领域的领军人物，对新中国国防尖端科技事业做出了重大贡献。叶先生还推荐东南大学毕业生李善邦到翁文灏领导的地质调查所鹫峰地震台工作，从此我国就有了正式的地震观测，出版有国际影响的《鹫峰地震专报》。总而言之，中国与物理有关的许多前沿学科都是在叶先生指点下由他的弟子们创建的。后来，叶先生在北京大学建立起磁学学科，并为中国科学史研究做出了贡献。

（三）爱国进步活动

叶先生虽然从少年时代就主张"不谈政治"，但是一颗赤诚爱国、谋求民族复兴之心却使他与国家命运紧密相连。国难临头，他总是奋不顾身地支持抗战：1931年九一八事变后，写信慰劳坚持东北抗日的马占山将军；1932年募捐接济进入北平的东北抗战伤残战士；1935年国民政府与日军侵略者签订《何梅协定》后，汉奸殷汝耕妄图搞"华北五省自治"，叶先生联合平津教育界名流通电全国，斥责汉奸卖国阴谋。之后，清华大学逐步将一批图书和仪器设备转移到长沙，后又经重庆落到昆明，可惜其中136箱图书在重庆被日机轰炸损毁，但这批图书和仪器设备后来成了西南联大图书和仪器设备的主体。因为南开大学校舍全部遭受日机轰炸，房屋设施损失殆尽；而北京大学地处北平城内，1937年"七七事变"后全城被日寇包围，7月29日全城沦陷，无法将图书和仪器设备转移，因而西南联大的图书和仪器设备实际上主要靠清华大学的物资来维持，这与叶先生的未雨绸缪很有关系。

不过，叶先生的最大功绩还在于从1937年8月自清华大学撤离北平到1938年底这一年多时间里对冀中抗日根据地的大力支持。1937年8月，清华大学教职员开始南下，到由北京大学、清华大学、南开大学三校共建的长沙临时大学，继而又转到昆明组建西南联大。叶先生负责在天津建立清华南迁临时办事处，设法帮助教职员转移。在此过程中，在冀中平原建立的由吕正操领导的抗日游击根据地，缺乏医药用品、子弹、炸药、地雷、雷管及无线电器材等物资和技术人员。叶先生的弟子、助教熊大缜被在游击区工作的同学邀请去根据地（当时熊大缜已准备去德国留学）。在征得叶先生的勉强同意后（他认为熊大缜不宜去，但因事关抗日大事，左右为难），熊大缜到了冀中，不久任印刷所所长，组织了技术研究社，后又任供给部部长。在他领导下，大量子弹、炸药、地雷、雷管等军需物资得以制造出来，几次炸毁日伪军运火车，成为平原地区开展游击战的典范。电影《地道战》《铁道游击队》中描述的机动灵活与惊险壮烈的战斗故事都跟他密切相关，其工作深得军区领导聂荣臻将军称赞。在此期间，叶先生冒着生命危险在天津筹得了大量款项，包括清华大学的上万元，设法买到军需物资的原料和元器件，在采购与储运过程中曾经得到当时由国共两党合作秘密成立的统战组织天津党政军联合办事处的帮助。

叶先生还通过该机构推荐了不少北平的大学生到游击区工作，其中不少是清华大学学生、助教和职员，如葛庭燧、汪德熙、李琳（广信）、林风、钱伟长、闫裕昌等。他甚至曾想自己也到冀中去打游击，投笔从戎，但被友人劝阻："叶先生对冀中抗日根据地的贡献并不因此逊色，从一定程度上说，他在天津的从事那些活动所冒的风险，比去冀中的风险还大！"果然，后来天津的日军发现了叶先生的秘密活动，想要逮捕他，他才在梅贻琦的召唤下经香港到了昆明。在香港，叶先生找到蔡元培，要他写信请宋庆龄设法给冀中抗日根据地募捐和供应物资，这体现了他强烈的民族责任感与维系祖国山河的赤诚。可惜1939年熊大缜被当时"锄奸部"作为天津党政军联合办事处派来的特务审查，并在日寇大扫荡的转移途中被处决。"文化大革命"期间，叶企孙先生受牵连被关押，在交代、审讯中，他表现出一位正直科学家的实事求是作风，从未违心地诬陷人，还谨慎小心地保护他所熟悉的其他人。至于在学生爱国运动中保护进步青年，他家成为这些人的藏匿或转移之地，其事例不可胜数。特别是抗战胜利后，1945年12月1日昆明学生掀起"反内战、反独裁、争民主"的"一二·一"学生运动，遭到国民党反动派的残酷镇压，几所学校的四位教师和学生不幸身亡，史称"四烈士"。叶先生代表西南联大常委会亲自主祭四烈士，主持组织法律委员会，处理与惨案有关的诉讼事宜，并出面与云南省主席和昆明卫戍司令交涉，要求允许学生抬棺游行。这些都表现出叶先生主持正义、大公无私、勇于担当、敢于冒险、尽力支持学生爱国进步运动的气概和精神。

（四）从科教救国到科教兴国

叶企孙先生以科学救国和教育救国为其生命支柱。它们撑起了他一生以宽厚精深的知识、追求独立自由的精神、平易近人虚怀若谷的态度、满腔热血的家国情怀、爱生如子善待他人的开阔胸襟、实事求是谨慎严格的作风所建的科学与教育大厦，为我国现代化做出了卓越贡献。他和他的同事们培养了两位第一次获得诺贝尔物理学奖的中国人——李政道和杨振宁，23 位"两弹一星功勋奖章"获得者中有 14 人（王大珩、陈芳允、王希季、朱光亚、杨嘉墀、周光召、钱学森、屠守锷、彭桓武、王淦昌、邓稼先、赵九章、钱三强、郭永怀）是叶先生直接或间接的学生，后来在中国科学院院士和中国工程院院士中有 79 位与叶先生的培养相关。所以，叶先生对中国科学技术的发展，功劳是巨大的，这些都是使中国能产生几所世界一流大学的基础。

为了加快中国经济社会的发展，1995 年 5 月《中共中央、国务院关于加速科学技术进步的决定》首次提出实施科教兴国战略。这个"科教兴国"事实上就是"科教救国"（科学救国和教育救国的合称）在新时期的继承和发展。所以，叶先生实在是科教兴国的先行者。时下中国科学技术正以前所未有的速度发展，日新月异地改变着国家经济社会结构，改变着中国和世界面貌，使中国向着世界一流国家迈进。我们难道不应该缅怀和感激叶先生等一批先行者所奠定的根基吗？

（五）精英与立德

无论是建设世界一流大学还是叶先生通过科教救国培养出来的人才，这些都是我们建设人才强国所急需的。这些人才不是社会上的一般人，而是精英，是各方面的领军人物。

可是我们一说到精英，就会联想到他们是高高在上的"人上人"。如果因为他们的社会地位和薪酬物质待遇都要比一般人高不少就将他们与普通老百姓区别开来，那么社会是否会因此而两极分化呢？是的。哈佛大学教授迈克尔·桑德尔（Michael J. Sandel）写了一本书《精英的傲慢：好的社会该如何定义成功？》，他认为美国社会的极大不公平，贫富相差极大，阶层分裂固化，近几年来国家混乱动荡，正是"优绩主义"的结果。它使精英获得的奖励（报酬）要远远高于普通劳动人民，他们自以为是成功人士，志得气扬，高高在上，从而与广大劳动群众对立，几乎导致国家分裂。桑德尔对优绩主义和精英进行了严厉的批判，认为那些能够进入名牌大学的精英不仅是靠自己的勤奋努力得来的，而在更大程度上还依靠一种偶然性——"运气""机遇"。他认为只有让精英人物承认自己的成就有靠运气的一面，才会对人谦卑、不致社群分裂。他提出"贡献正义"观念：人要为社会公共利益做贡献，能满足多数人美好生活的需要，才能得到人们的承认与尊重。桑德尔是过分简单和乐观了。

我国一流大学所培养的精英是为实现消除"三大差别"的社会主义制度服务的，他们是社会主义的建设者和接班人、普通劳动者，因此"立德"很重要。"德"最主要的就是信仰，即价值观、人生观、世界观。教师在教书育人过程中，不管是教什么课程，都要渗透"三观"信仰；目前主要就是"富强、民主、文明、和谐、自由、平等、公正、法治、爱国、敬业、诚信、友善" 24 字所表述的社会主义核心价值观。教师教书育人在我看来无非是在传授知识和能力过程中要强调渗透价值信仰，将它贯穿在教学中。这里教师以身作则的"行为世范"起着重要作用。对于"以人为本"，教育要以学生为主体，学校要以教师为主体。俗话说"铁打的营盘流水的兵"，学生是流动的，教师则是相对稳定的。建设一流大学必须尊师重教。叶先生实际上就是依靠教师民主办学，也可说是"教授治校"，体现"独立之精神，自由之思想"。可是当下有的教师不敢管学生，甚至害怕因言语不慎而被学生告发。现在要更加强调树立尊师重教的风气，使学校里老的名师能充分发挥作用，新的名师能快速成长起来，避免当下从事基础课教学的稀有名师，以及一些教学优秀的年轻教师（常被称为"青椒"）离开工作岗位。

我们从上述叶企孙先生的贡献及品德可以看到，他绝没有"读书做官""学而优则仕""做人上人"的腐朽传统绅士做派；对劳动人民，从他对华罗庚、闫裕昌和北京大学门卫的态度，以及对照顾他生活的工友（几乎包揽了其全家子女的养育与成长）的行为看，是何等高贵的品质。从他中西会通、古今融通、文理会通的"三通"学识，从他大公无私、襟怀坦荡、知人善任、博采众长的团队合作精神，我们可以说，叶企孙先生真正做到了"学高为师，身正为范"。在一定意义上说,叶企孙先生就是当代"圣人"。有这样的人做表率,造就的精英会与广大劳动群众对立吗?劳动群众只能是他们的服务对象而他们只是社会公仆。所以我们说,照着叶企孙先生的路子走,我们今天一定能建成世界一流大学。

四、叶企孙先生仍是当下建设世界一流大学的楷模

综上所述,叶企孙等先生们以"为国"为主旨的高尚为人品德和精湛高深的学术造诣,以及他们的徒子徒孙在经济和国防方面取得的光辉业绩,已经将当年的清华大学引上了一流大学的道路。在我看来,这样的大学不是"办"出来的,而是在一种环境和氛围中自然而然地熏陶与感染出来的。"叶先生们"以其为人和学问成为这种环境与氛围的创造者。有这样充满爱心、学术精深的大师引导,就能实现梅贻琦的"从游说":"大鱼前导,小鱼尾随,是从游也,从游既久,其濡染观摩之效,自不求而至,不为而成。"建设世界一流大学核心在此。不过,叶先生精力最充沛、业绩最辉煌的时代离今天已将近100年了。这百年真是天翻地覆:"三座大山"搬走了,中国人民站起来、富起来、强起来,中国成为世界第二大经济体,正朝着建成富强民主文明和谐美丽的社会主义现代化强国奋进。在此过程中,必须建成若干世界一流大学,它们担负着崇高使命:培养高素质创造性人才,作为党和政府的思想库、科技经济发展的动力源、国际文化交流的桥梁。这显然就是国家发展中的一支引领力量。

我们能否继续按上面所说,以叶先生那样的学识与品德为楷模,沿着叶先生走过的道路履行上述职责,跻身世界一流大学行列呢?毕竟时代不同了,情况变化太多。何况当今世界正处于百年未有之大变局,国际局势变化之快,科技革命之迅速与经济竞争之激烈,带来许多不稳定性、不确定性和不可预见性,因此我们面临更多的困难和机遇,具体如下。

(一)高等教育实现普及化

2021年我国高校已达3012所,在学人数达4430万人,毛入学率达

57.8%。相信几年之后，我国大部分人口都具有高校毕业资格了。我们不再像叶先生所在的那个年代那样严格限制招生人数了，我们还要有大批像叶先生那样慧眼识珠的"伯乐"，真正实行因材施教，使每个学生都能发挥其个性特质、优势潜力，实现创新。这是很不容易做到的。

（二）目前高校对《中华人民共和国高等教育法》规定的"面向社会，依法自主办学"难得全面落实

高校是基层单位，"上面千条线，下头一根针"。据统计，2017年5月1日至2018年4月30日，教育部要求大学必须知晓和执行的文件多达178件，若加上各部委和地方政府文件，大概就得每天一件，校领导处理这些文件都忙不过来，导致校内官僚主义、形式主义、本位主义、"烦琐哲学"满天飞。虽然时下某些国际"大学排行榜"已将我国几所大学列入百名内之"前列"，但从大学对国家的科学技术与经济发展和人类文明的贡献角度来看，还相差甚远。这些由市场主导的"排行榜"指标虽不足以反映各大学的任务与价值，"叶企孙们"会嗤之以鼻的，却让学校领导们伤透脑筋。各种媚俗的社会现象在校内泛滥，这必须引起高校领导的警惕。

（三）我们处于信息化智能化时代

互联网、物联网、大数据、云计算、机器人、人工智能（artificial intelligence，AI）、生物基因、脑神经认知科学等方面的进展，是叶企孙所处的时代望尘莫及的。我们要与时俱进，充分吸收科学技术的新元素，为建设一流大学服务。如果我们能够学到叶先生创办清华大学理学院的精神，那么一旦世界上出现新科学、新技术，我们就会千方百计地学习，这样要达到我们的目标就不难了。科技在多头领导、急功近利的环境中，要出现可获诺贝尔奖的长效科学成果和颠覆性技术创新非常不易。而且美国实行孤立主义、单边主义，企图让中国与世界先进科技脱钩，这在当今"地球村"是不可能持久和最终得逞的。正如三部简史（《人类简史》《今日简史》《未来简史》）的作者赫拉利（Harari）所说的那样，如果生命成为算法，未来可能会有一部分聪明人制造出大量智能机器人来控制、奴役多数人，或如果机器人有了意识，就可

能会导致人类灭亡的悲剧。为避免落此下场，我们要以叶先生为榜样，将以"立德树人"为基础的创新人类新需求作为世界一流大学的重要任务。

今天我们在纪念叶企孙先生诞辰 125 周年的时候，要深入学习他的思想和经验，步步追随新时代的脚步奋勇前进，建成几所能实现中国梦，并为提高世界文明程度、构建人类命运共同体的事业做出贡献的世界一流大学！

数智时代的教育

——面向未来的西浦国际化教育探索①

席酉民

摘要：叶企孙先生是教育家，我对他在物理教育上所获得的成就非常赞赏和尊敬，对这位培养了几十位院士的大师更是敬佩不已，并想把他的做法、理论传播得更远。西交利物浦大学（简称西浦）的探索可以用南校区的"三门一堂"说明，通过开悟、修炼、智慧三座门，最后进入豁然堂，明白人生中要干什么，理解对社会应该做出什么样的贡献。进入数智时代，教育怎样帮助人们深入思考，独立判断，培养批判性思维，营造能应对数智时代挑战的教育生态？未来的教育大体上是：信息和知识泛滥，"知道主义"（"肤浅脑袋"）盛行，"知道分子"和大量专业工作者被 AI 与机器人取代，知识传授性教育价值迅速衰减，素养教育会日益加强，格局、想象力、创造性、融合能力的孕育和培养日益重要，教育的目的会从过去防止人们无知转向如何帮助人们应对越来越不确定、复杂、模糊和动荡的世界。

关键词：数智时代；大学；教育生态

---

① 本文根据作者于 2023 年 7 月 16 日在一流大学与一流教育家暨叶企孙先生诞辰 125 周年纪念大会上的报告整理而成。本文作者席酉民是西交利物浦大学执行校长、英国利物浦大学副校长、西安交通大学管理学资深教授。

西浦以教育探索为使命，2022年，为了掀起一场关于教育的社会大讨论，我邀请有识人士出资发起了"寻找新时代中国杰出教育家"行动。因教育关乎所有人，首届讨论就获得了全国超过1000万人线上和线下的参与，2023年举行第二届"寻找新时代中国杰出教育家"活动。我们把一流大学与一流教育家暨叶企孙先生诞辰125周年纪念大会也列为"寻找新时代中国杰出教育家"行动的系列活动之一，原因是叶先生本身就是教育家。

我跟叶先生有一点点联系，他是物理学大师，我本科是学物理的，作为有着物理学背景的人，我非常赞赏和尊敬他在物理教育上的成就。特别是近十几年来我一直在做教育的探索工作，对这位培养了几十位院士的大师更是敬佩不已，并想把他的做法和理论传播得更远。

在西浦南校区西南拐角，我们复建了一座苏州的老房子，命名为豁然堂。另外，在南校区捐建了三座门，第一座门叫作开悟，意即入大学首先是唤醒、点燃；第二座门是修炼，意思是经过历练方能成长；第三座门是智慧，寓意穿越之，方能拥有智慧。通过开悟、修炼、智慧三座门，最后进入豁然堂，明白人生中要干什么，理解对社会应该做出什么样的贡献。

豁然堂后门两侧悬挂着两幅匾额，一幅匾额是教育家陶行知写的"读史"，是原件，是我们一位学生捐给学校的。与之对应，我不自量力地撰写了"开今"两字，做成了第二幅匾额。目的是什么呢？"读史"可以让我们今天活得更明白，明天看得更通透；"开今"则是希望对今天和未来的发展能够有所影响。

现在谈教育，可能比历史上任何时候都显得更加重要。原因是现在全世界面临巨大的地缘政治压力和AI等新技术带来的严峻挑战，人类社会的认知范式和生活方式正在发生改变。教育为了不被颠覆，就必须通过颠覆性创新创造价值，所以我们不得不反思教育，重塑教学，再定义学校，在这种情况下探讨教育有着特殊的意义。

进入数智时代，教育面临的严重挑战是什么？我们先看数智时代的一些基本的关键词，如大家耳熟能详的链接革命、数字化、人工智能和机器人、颠覆和全球竞合等。在这些词背后，最基本的发展机制是共享、共生、人机协作。"共享"，大家很熟悉，如共享经济，在网络数字环境下几乎所有东西都可以被共享。"共生",网络、数字化打破了组织的边界,所有的人与组织都可以跨越边界共同协作、相互刺激、一道创新和创造。"人机协作"将成为未来生活和工作的常态。这三种机制会使得人类的认知范式和经济社会活动发生根本改变。

例如,过去教育的目的是防止人们无知,通过学习,人们可以认知社会。现在因互联网、搜索引擎、AI,人们很难无知,人们每天都可以通过很多工具知道全世界发生的事情,信息很多,知识迎面扑来,但是消息真真假假,虚虚实实。你知道网红所言和热搜背后的真相吗?流行的观点有多少是对的?很多人被AI"喂"得很舒服,然而视野也被禁锢了,但有多少人在思考这些东西?作为教育工作者,我们怎样帮助人们深入思考,独立判断,具备批判性思维,去把握网红语言或金句背后的真观点,掌握混乱或噪声下社会的真走向,可以说任务艰巨。

另外,由于数智时代的三种机制,跨组织边界的协同共生导致各种各样的生态涌现,教育自然也列于其中,教育的生态化和社会化学习将成为未来的一种趋势。随着社会化学习的拓展,教育者不再仅指在校从事教育的人,几乎所有人都可以也应该成为教育者。

在这种背景下,就出现了一个管理的问题,即生态怎么管理?教育生态怎么构建?与此同时,也出现了产业家这一新概念,相应的人才概念、管理与领导行为也得改变,这一系列的改变给教育带来巨大的冲击,同时也创造了难得的机会。十几年来,西浦一直跟随社会的变化与未来趋势的演进,试图通过我们的探索去努力营造教育的生态。

每年,我们都以西浦为驱动者或平台,推出很多活动:西浦全国教学创新大赛已经举行了八届;"寻找新时代中国杰出教育家"行动2023年是第二届;我们成立了新职业教育改革合作组织(New Professional Education Cooperation,NPEC),试图组织大家共同探索新时代新职业教育的方案;我们还有基础教育的组织,研究基础教育走势,培训基础教育领导者和老师;还成立了高校教师发展中心可持续发展联盟,有超百所大学参与。在西浦校园里,经常会看到来自全国不同高校的人共同进行教育的探讨和研修,一个暑假至少有几十场,全年有近百场。还有在全国不同地方举行的各种各样的教育创新活动，比如在敦煌举办的创新者大会，我们会邀请在西浦全国教学创新大赛中的获奖选手，在获奖以后带着成果持续提升，并且不断传播，以滚雪球的方式，影响更多的人和机构。所有的这些努力都是为了一个目标，就是让更多的人理解什么是真教育，怎样行动起来去改变当下的教育，如何营造教育生态并使之健康演进。

在教育变革如火如荼的当下，我们又遇到了人工智能的出圈。以前我们在讨论人工智能的时候，强调的是人工智能对我们的影响是什么，当时大家担心最多的是人工智能对有些职业的替代。但是随着各种人工智能工具和助手的迭代，已经不是简单劳动的替代，而是受过一定教育的工作者或被大量替代。这是一个很严重的问题。大家想想看，现在的教育基本上是以专业为导向的教育，也就是说，学生不管将来干什么，进大学必须选定一个专业。近期在西浦重新选专业就弄得很热闹，让很多家长焦虑得不得了。实际上以专业为导向的教育，毕业生会面临很严峻的挑战，当他们拿到专业学位之日，可能就是他们失业之时。知名人工智能专家本·戈策尔（Ben Goertzel）认为，未来几年人工智能将取代80%的人类工作，这是严酷的现实。[①]所以，以专业为导向的精英教育模式本身就需要思考如何变革。

最近我碰到好几个管理学院的领导，他们问我怎么办。我告诉他们，尽管专业教育的毕业生面临严峻挑战，但并不意味着专业教育的知识和训练没有价值。例如管理，未来几乎所有人都需要一定的管理造诣，特别是创业精神和跨文化领导力，于是管理教育的出路至少有两条：一是帮助其他专业的学生提升管理素养和管理知识，二是为自身专业培养专业精英的后备人才，也即重新定位各类管理专业教育的目标。当然这种转型会面临很多困难，例如，管理教育怎么渗透到其他专业中去？如何改变当下人们的认知？怎样获得必要的支持？

通用人工智能不仅会带来挑战，也会带来机遇，它一方面会减少人的工作，另一方面会增加人类工作的体验，还可以帮助人类做一些过去做不了的事情，更会创造出很多新的工作机会，如人机协同的新工作岗位。因此，人工智能不是一个简单的替代，它会带来很多新的东西，人类需要探索如何站

---

① 专家认为人工智能将取代80%的人类工作. https://baijiahao.baidu.com/s?id=1773577449396012373&wfr=spider&for=pc［2024-07-26］.

在人工智能的肩膀上更好地生活和发展。

面对世界的变化和技术的冲击,教育不得不迎接许多新变化。第一个是知识和智识的价值会出现贬损,人工智能会让很多知识变得随时随地可以廉价获得。第二个是绝大多数人无法突破AI的"中人"水准,所以每个人都需要思考将来怎么活。实际上,我们面临的不是一个简单的替代问题,也不是简单的竞争问题,而是我们与人工智能怎么样协作起来做更新、更大的事情,这个时候人的技能、人的素养、人的知识体系需要重新认知和构建。第三个是大多数人因为对AI的依赖可能导致智识能力下降,甚至智力的贫富分化。第四个是知识与智识能力内卷进一步加剧。实际上,内卷并没有错,内卷就是一种竞争机制,你能说竞争机制错了吗?永远会有竞争机制的,不管在什么时候,问题是怎么评价和利用竞争机制?竞争机制使用的场所和方向对了没有?千万不要把内卷都说成是坏事。如果健康的竞争机制用好了,就是对社会进步的一大促进。第五个是价值观与意识形态会出现各种各样的"泡泡",就像现在网红制造的很多虚幻的东西,以及人工智能的"喂送"把一些人锁定在狭窄的舒适领域。第六个是面对AI甚至可能取代艺术创造工作,将来人类怎样活得更有趣?

面对这些问题,人类到底该怎么办?教育该如何应对?这是我们一直在思考和探索的问题。到目前为止,我对未来的教育大体有这样一些认知。①信息和知识泛滥。②"知道主义"("肤浅脑袋")盛行。③"知道分子"和大量专业工作者被AI与机器人所取代。④知识传授性教育价值迅速衰减。但是很遗憾,我们现在的教育,从幼儿园到小学、中学再到大学,绝大多数还停留在知识传授阶段,对人的能力训练和对各种素养的培养不够重视或尚未给予足够的重视。⑤素养教育会日益加强。同样一个ChatGPT工具,同样一个问题,两个人不同的提问会得出不一样的结果,而人机互动方式依赖于人的素养和能力。有一位在西浦进行培训的院长给我发了一个信息,他用ChatGPT找了一下对我的评价,显然有不正确的地方,例如说我出身于著名的中医世家,其实不然,我出生和成长于秦岭北麓的小山村。因为我的名字还好找,在中国的户籍系统里到目前为止"席酉民"还是唯一的名字,所以我申请职称的时候不会借用别人的成果,因为也很难借用。ChatGPT的使用效果与人的素养有很大的关系，一个人的提问视角、对话方式、互动过程、协作模式直接决定合作结果的质量和水平。⑥格局、想象力、创造性、融合能力的孕育和培养日益重要。⑦教育的目的会从过去防止人们无知转向如何帮助人们应对越来越不确定、复杂、模糊性动荡的世界。一句话，未来的教育使命变得空前伟大。

那么，范式转型下新教育应该怎么调整和变革？第一，我们要重新理解、梳理和定义未来人才的素养、知识和能力结构；第二，我们要从知识教育转向全人教育；第三，教育要帮助人们学会和适应人机融合的学习、工作和生活新常态；第四，教育要支持日益流行的社会化学习和兴趣驱动的终身学习；第五，生态化是教育发展的一个必然趋势，教育者本身要持续学习，提升自身营造教育生态和收获生态红利的能力。

为了更具体地分析这种转型，我们通过人在现实生活中的场景了解其生存策略，见图1。

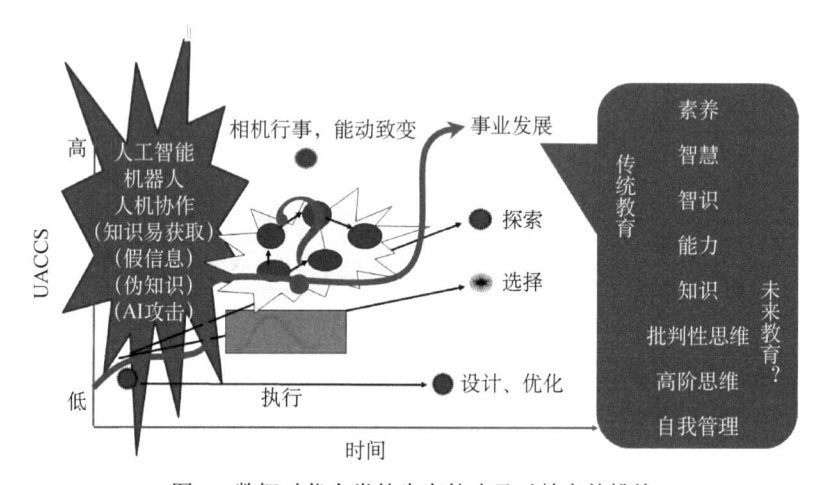

图1 数智时代人类的生存策略及对教育的挑战

图中横坐标是时间，纵坐标是环境UACCS［uncertainty（不确定性）、ambiguity（模糊性）、complexity（复杂性）、changeability（快变性）、scarcity（资源稀缺）］的程度。中间曲线示意人们事业发展的道路，人人都希望有一个成功的人生，但在不同情境下如何行动取决于人们的受教育程度。在环境比较稳定（即UACCS比较低）的情况下，人们有知识就行，成功与否的关键取决于执行能力。这是 10 年前、20 年前、30 年前教育的基本逻辑，即以知识传授为主。但当 UACCS 增高，人们就会面临多种选择，此时不确定性的概率判断只有知识远远不够，还取决于风险偏好、驾驭能力、综合素养。如果 UACCS 再增高，那么前途将一片模糊，很难对未来有清晰的认识，此时基本上以探索甚至试错为主。现在人们已经进入了一个根本不知道未来将会发生什么的时代，虽有 AI 的加持，但在很多方面，AI 还会推波助澜，如假信息、伪知识、AI 攻击等会使世界更加 UACCS，此时的生存策略只能是"相机行事，能动致变"。那么这个时代的教育应该是什么样子？坦率地讲，传统教育有知识、有能力就够了，但是到了人工智能支持下的新时代，人们遇到的问题是虽然信息知识很容易获得，但是假信息、伪知识、AI 的攻击随处可在。为了在这样的时代生存，未来教育应该重视受教育者的素养、批判性思维、高阶思维、智识和智慧，特别是自我管理的能力，这些将变成未来教育的核心。如果在这些方面没有突破、没有提高，教育出来的人即使学了再多的知识，照样无法适应时代的发展。

那么，教育到底应该怎样发展？教育的基本功能是帮助学生学会学习和成长，知识自然是学习的重点，但更重要的是帮助学生通过学习知识提升其各方面的能力和素养。知识有三个维度。一个是知识的广度，现在获得知识的渠道有很多，如网上学习、搜索引擎、AI 辅助等。但要防止学生成为"知道分子"，变成"肤浅脑袋"，就必须关心知识的深度。校园的学术共同体、实验室和各种机会及学习环境，有利于学生构建系统的知识体系和形成知识的深度，但要改变过去的被动式学习，提倡研究导向型或探究性学习，强调批判性思维的训练。即使如此，在知识的学习和系统化方面，我们还是很难战胜人工智能，应对未来，还依赖于第三个维度，即知识的高度——智慧。未来人类会面临两种智慧，一种是人的智慧，一种是机器或者数字的智慧（大模型计算结果）。人们可能无法理解机器和数字智慧，因为现在还无法完全知道它背后的逻辑。于是，面对复杂问题，虽然可以借助机器或数字智慧，但我们必须做出决策，是接受它还是不用它？在两种智慧下，人们怎么生活？会不会精神分裂或脑分裂？完全有可能。因为当两种智慧显著不同时，一个人很难抉择相信哪个。为此，学会人机互动与合作，借助机器智慧升级人类智慧，将成为未来教育和大学的重要挑战。在这一方面，西浦注重推动融合式教育，主张促进学生从稳定世界的当下心智转型为应对未来的复杂心智，努力帮助学生孕育融合智慧。

基于这样的分析和探索，我们形成了对未来教育的粗浅看法，主要有五大基本特征：一是超越校园，二是超越国界，三是需求导向，四是技术驱动，五是人机共生。未来教育一定会从知识传输转型于一种全人和社会教育，其基本特点也有五个：个性化、兴趣驱动、终身学习、融合式、人工智能支持。针对这样的未来教育走势，人类亟须重新定义教育，重塑教和学的过程，打造适合社会学习的教育生态。

在这样的认知指导下，西浦不是禁止 AI 的使用，而是拥抱新技术，与 AI 等颠覆性技术共生与互动。其实，AI 有很多工具，有语言的、图像的、视频的等。我们需要探索如何借用它们提升教育水平。根据布卢姆（Bloom）教育分类法，教育涵盖记忆、理解、应用、分析、评估、创造等多个层次，教育须重新思考如何在每一个层级用 AI 支持学与教。西浦专门开发了自己的 AI 工具——XIPU-AI，我给它起了一个名字，叫"君谋"，即人和机器的君子之谋，谋划未来，并鼓励师生用"君谋"探索新教育。

经过近 20 年的探索，西浦已经形成了如图 2 所示的教育生态蓝图。

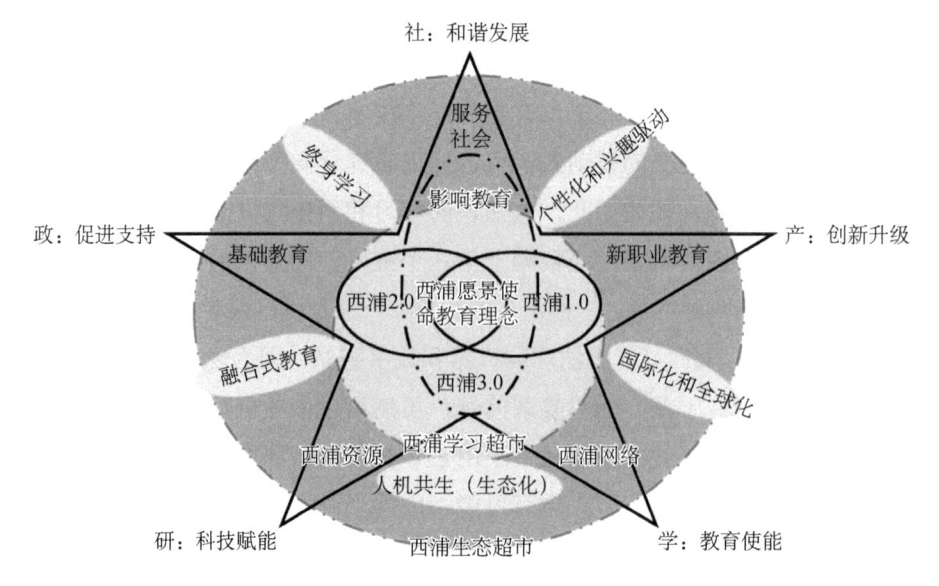

图 2　西浦的教育生态蓝图

西浦的愿景是做未来教育的变革者和引领者，利用自己的网络、资源及探索，影响中国的教育变革甚至世界的教育发展。为此，西浦已经发展了三种教育模式。西浦 1.0 模式是探索如何升级现在全球流行的专业精英培养模式。西浦 2.0 模式放弃了以专业为导向的教育，建设一种以行业融合专业知识的融合式教育模式，以培养未来大量需要的行业精英人才，即能够利用专业人才和机器人，站在强大的技术平台上，善于创新和整合资源，为人类创造新生活、新业态或新行业。为了进行这样的教育试验，我们在太仓新建了一个校区，开启了四个方面的探索：融合式教育新模式、大学的新概念、未来大学校园的新形态、未来大学的多校园运行新模式。西浦 3.0 模式是打开校园，走进社会，营造大学、企业、社会共生的，支持终身按兴趣个性化学习以及创新和创业的生态。目前，西浦 1.0 有 8 个专业学院，西浦 2.0 有 7 个行业学院，西浦 3.0 有 4 个产业生态学院。

为了支持西浦影响教育的使命实现，西浦专门成立了未来教育学院、和谐管理研究中心、西浦智库等，通过合作把探索领域延伸到基础教育和新职业教育，还专门建设了西浦生态超市，整合全球教育资源，构建线上线下相结合的全球学习社群和教育生态。目前，西浦个性化和兴趣驱动、终身学习、国际化和全球化、融合式教育、人机共生（生态化）的教育特征日益凸显，受到了各界的关注和广泛的认可。为了进一步促进国家教育、科技、人才融合发展战略，西浦进一步加强了"产、学、研、政、社"的融合，成立了产业家学院，整合全球资源，促进产业数智化转型和生态营造，并启动了西浦 X-生态超市的建设，以学校教育、研究、国际化网络资源和中立的特性，扮演黏合剂、发酵剂、促进剂角色，促进和支持产业创新生态的营造与健康发展。

如何选拔和培育教育强国之师？[①]

杨德广

摘要：建设教育强国，必须首先建设一支强大的教师队伍，这是摆在每所高校面前紧迫而又艰巨的任务。如何选拔和培育教育强国之师？20世纪二三十年代，清华大学物理系系主任叶企孙先生选拔和培育精英人才的理念与举措十分有效，值得我们今天学习和借鉴。在他选拔和培育的学生中，有79人当选中国科学院院士，有十多人是"两弹一星功勋奖章"获得者。他是"大师的大师"，是"哺育科技人才的帅才"，也是"现代中国科教兴国的先驱者"。叶企孙先生选拔和培育精英人才的经验是：战略眼光育英才，慧眼识珠育英才，不拘一格育英才，起用大师育英才。叶企孙先生选才育才之道的启示：一是要反思我国教育存在的问题，二是必须依靠名师和大师育人才，三是要充分发挥二级学院院长和学科带头人在选才育才中的作用，四是要努力造就像叶企孙先生那样的管理大师和育人大师。

关键词：教育强国；叶企孙；选才与育才

2023年5月29日，习近平总书记在二十届中共中央政治局第五次集体学

[①] 本文为作者向2023年7月16日召开的一流大学与一流教育家暨叶企孙先生诞辰125周年纪念大会提交的论文。本文作者杨德广，江苏南京人，上海师范大学长三角教育发展研究院拔尖创新人才研究中心主任、教授，主要从事高等教育研究。

习会上发表《扎实推动教育强国建设》的重要讲话。他说："世界强国无一不是教育强国，教育始终是强国兴起的关键因素。"如何实现教育强国呢？"强教必先强师"，要"大力培养造就一支师德高尚、业务精湛、结构合理、充满活力的高素质专业化教师队伍"①。

自党的十八大以来，习近平总书记多次强调，我们需要"培养造就一大批具有国际水平的战略科技人才、科技领军人才、青年科技人才和高水平创新团队"②。建设教育强国，首先必须建设强大的教师队伍。如何选拔和培养优秀教师、建设强大的教师队伍，是摆在每所高校面前紧迫而又艰巨的挑战。目前大多数高校在人才招聘和引进方面采取"三驾马车"机制，即二级学院、校人事部门、校领导或校学术委员会。首先由二级学院招聘，选定人员后申报到校人事主管部门，再呈报校领导或校学术委员会批准，一轮下来在半年以上，甚至达一两年。其间不免出现三者之间意见不一、互相推诿的情况，效率较低。不少教师埋怨"优秀人才进不来，一般人才进来了""需要的进不来，不需要的进来了"。其中的原因错综复杂。如何选拔和培育教育强国之师？我查了许多文献和文章，看到不少在人才引进和培养方面的建议与对策，很受启发。但最吸引我的是20世纪二三十年代清华大学物理系系主任叶企孙先生选拔培育精英人才的理念与举措，值得我们今天学习和借鉴。

翻开我国教育史便可发现，曾任清华大学物理系主任的叶企孙先生就是培养拔尖人才、培养大师的大师。他有着丰富的选人育人经验，并且取得了辉煌成就。叶企孙先生没有留下鸿篇巨制，没有留下豪言壮语，也没有当过高官要职，但他选拔和培养的学生中，有79人当选中国科学院院士。我国23位"两弹一星功勋奖章"获得者中，有一半是他选拔和培养的学生③。人们称赞他是"大师的大师"，是"哺育科技人才的帅才"，是"'两弹一星'的育种者"。著名物理学家李政道先生称赞叶企孙先生是"现代中国科教兴国的先驱者"。

叶企孙在少年时代就是一位拔尖人才，16岁时就撰写和发表了《天学述

---

① 习近平：扎实推动教育强国建设. http://www.gov.cn/yaowen/liebian/202309/content_6904156.htm [2025-01-17].

② 习近平. 决胜全面建成小康社会 夺取新时代中国特色社会主义伟大胜利——在中国共产党第十九次全国代表大会上的报告. 党建，2017，（11）：15-34.

③ 王荣泽. 简论叶企孙先生的教育思想. 物理教师，2020，41（1）：70-72.

略》《中国算学史略》等优秀文章，20 岁赴美留学，1924 年 3 月回国，在国立东南大学任教；1925 年到清华学校任教，1926 年，担任清华大学物理系主任直到 1952 年。在这并不显眼的岗位上，他培养了数十名精英人才。叶企孙先生培育精英人才的成功经验可概括为：战略眼光育英才，慧眼识珠育英才，不拘一格育英才，起用大师育英才。

一、战略眼光育英才

1932 年夏，清华大学成立了以梅贻琦为首的美国"庚款"公费留美招考委员会，考选工作由叶企孙负责（每年名额为 20 名）①。这是一项重要而艰巨的工作。他深知这是为国家选拔和培养人才的重要渠道，必须从国家利益和需求出发。他以高度的责任感和事业心精心挑选出国深造的项目，广泛征求各方面专家的意见，根据科学发展的趋势和国家急需的专业及科技方向引导学生报考，尤其是动员学生报考我国的空白或薄弱的学科，去出国深造②。当时中国航空科技十分落后，急需派人出国学习。叶企孙发现在铁道部交通大学学习铁道工程专业的钱学森很聪明，学习能力很强，于是动员他赴美学习航空工程专业，钱学森听取了叶先生的劝导，后来成为我国航天事业的领军帅才，叶企孙对此功不可没。叶企孙具有高瞻远瞩的战略眼光，指导和引导清华大学物理学专业的一些高才生到美国留学，攻读国家急需的应用学科，如气象学家和航天学家赵九章，地球物理学家傅承义和翁文波，海洋物理学家赫崇本，冶炼学家王遵明，应用光学家龚祖同，光学家王大珩，世界应用数学大师、美国国家科学院院士林家翘，美国工程院院士戴振铎，享有"中国居里夫人"美誉的才女、物理学家何泽慧，力学家钱伟长，金属物理学家余瑞璜和葛庭燧等。从 1933 年至 1939 年毕业于清华大学理学院的学生中当选院士的总计 55 人，都成为我国该学科的奠基人或主要的学科带头人，成为 20 世纪下半叶中国科学发展的中坚力量③。

---

① 储朝晖. 叶企孙：教育感极强的大师之师. 教育与发展研究，2019，(1)：1-12.
② 储朝晖. 叶企孙：教育感极强的大师之师. 教育与发展研究，2019，(1)：1-12.
③ 储朝晖. 叶企孙的杰出在于大师与贤哲品质兼具. 清华大学教育研究，2018，39（5）：107-115.

叶企孙的战略眼光还体现在，20世纪40年代，他敏锐地发现核物理在物理学发展中的重要地位，于1947年就在我国积极筹划发展核物理研究，1948年促成北平研究院原子学研究所的建立，钱三强担任所长。

正因为叶企孙先生具有战略眼光，他从国家发展需求出发，输送和培育了许多领军人才、大师人才，为我国的高科技发展做出了卓越贡献。

二、慧眼识珠育英才

"千里马常有，而伯乐难寻"，是指千里马很多，但能够识别和使用千里马的人不多；运用到人才方面，是指拔尖人才很多，而能识别和使用拔尖人才的人不多。只有无私无畏、目光敏锐、珍惜人才的大师才能识别优秀人才。

明明是一颗珍珠，但它若隐藏在泥沙里，多数人便识别不了，以为它是一般的沙石视而不见，任其流失；知识渊博、目光敏锐的探宝大师，经过精心探测，却能在混杂的泥沙中，识别出晶莹剔透的珍珠，这就叫慧眼识珠。叶企孙先生就是慧眼识珠的精英人才。1934年，清华大学举行第二届公费留学考试，铁道部交通大学铁道工程专业学生钱学森的"微积分及微积方程"仅考了41分，理应被淘汰，但叶企孙发现钱学森与一般学生不一样，他勤奋、聪明、有发展潜力，不能因一门功课没考好就将其淘汰。他鼓励钱学森不要灰心，要继续努力，并把他留在自己家里补课。后来，钱学森终于考试通过，出国留学。如果不是叶先生慧眼识珠，就不会有中国航天帅才钱学森。

还有一个典型人物华罗庚。华罗庚仅有初中毕业学历，原是一家杂货店的小职员。16岁时，在上海《科学》杂志上发表了很有见解的数学论文，轰动了数学界，时任清华大学数学系主任熊庆来教授要聘华罗庚为清华大学数学系助理。一个年仅16岁又无大学文凭的少年突然要到著名大学担任教师，这遭到许多人的诘难和反对。时任国立清华大学理学院院长的叶企孙得知此事后，力排众议，支持熊庆来的提议，同意让华罗庚进来。他说："清华出了个华罗庚是一件好事，不要被资格所限定。"[①]叶企孙认为华罗庚是真正的人才，因此破格提拔他为数学系助教。1936年，叶企孙又推荐华罗庚到英

---

① 陈东伟. 叶企孙的育才之道. 中国人才，2019，(4)：60-61.

国剑桥大学数学系深造攻读博士学位。为了多听课、多学知识，华罗庚放弃了攻读博士学位的机会，作为一名访问学者，他在两年内攻读了七八门学科课程，撰写了 20 篇高水平学术论文，最终满载而归地回到祖国。

叶企孙慧眼识珠的感人事迹还体现在王淦昌身上。王淦昌原为化学系学生，叶先生在课堂上发现他物理学基础很好，多次找他谈话，劝说他放弃化学系转到物理系。王淦昌同意了，从此步入了物理学科学家行列，后来成为我国"两弹一星"功臣、核物理学大师。

三、不拘一格育英才

龚自珍诗云："我劝天公重抖擞，不拘一格降人才。"不拘一格育英才即不要拘束于一定规格，选取更多人才，也就是不要古板地按照一定的规格培育人才，而要不拘固定的规格去发现和培育人才，这样才能把真正的人才发掘出来，并培育成才。叶企孙先生就是不拘一格育英才的大师。

在叶企孙主持清华大学出国留学考试时，钱伟长的数学、物理不及格，而历史、文学满分，很明显是偏科生，理应读文科。但钱伟长是一位热血爱国青年，当时正值抗战时期，钱伟长认为，要报国"学文史是远水救不了近火的"，决心"弃文史、学理工"。系主任吴有训先生则不同意，认为应按考试成绩分科，钱伟长文科那么好，应选读文科。钱伟长在回忆录中写到，他先后三次去找吴有训，都没有效果，还说"学文史同样能救国"，后来向叶企孙求援[1]。钱伟长坚持要学理工的爱国热情，感动了理学院院长叶企孙。叶先生认为，"青年人在国难当头，弃文学理，科学救国，无可厚非"[2]。特批让钱伟长在物理系试读一年，规定一年后数理化三门课都要超过 70 分，才能正式升到物理系二年级，否则仍要回到文学系。聪明勤奋的钱伟长，怀抱抗日救国的雄心壮志，刻苦学习，终于顺利完成在物理系的学习，后来顺利赴美留学，成为中国著名的力学大师，这正是叶企孙不拘一格育英才的辉煌成果。

阎裕昌原来是清华大学一名没有学历文凭的勤杂工，叶企孙发现他天资

---

[1] 钱伟长. 怀念我的老师叶企孙教授. 自然杂志，2021，20（4）：230.
[2] 钱伟长. 怀念我的老师叶企孙教授. 自然杂志，2021，20（4）：230.

聪明，动手能力极强，便不拘一格提升他为清华大学物理学实验员，培养他管理学生物理实验仪器，鼓励他自制仪器。阎裕昌没有辜负叶先生的厚爱和期望，刻苦钻研，勤奋工作，成绩突出。后来，阎裕昌不幸得了肺结核，叶企孙获悉后，个人出钱送他到香山疗养治疗，不久他恢复了健康，继续回到实验室工作。1938年，叶企孙介绍阎裕昌去冀中抗日根据地研制军火，他成为制造火药的大师，为冀中平原的地雷战做出了重大贡献。1942年，阎裕昌在抗战中被俘，英勇不屈，壮烈牺牲。

叶企孙不拘一格育英才的事例不胜枚举。

四、起用大师育英才

一流大学的重要标志，就是有大师。梅贻琦说："所谓大学者，非谓有大楼之谓也，有大师之谓也。"正因为有一流的大师，方称得上一流大学。大师的主要作用是什么？叶企孙认为是育人。要充分依靠和利用大师育人，方能培养出一流人才。清华大学物理系之所以人才辈出，二三十年里为国家培育了数十名大师级精英人才，正是因为由一流的大师承担了育人重任。叶企孙在担任系主任期间，十分重视聘请大师育人才。他认为，要建设一个高水平的物理系，就必须有一批高水平的教授，必须挑选研究上已有成就且能继续研究的人。1928年，清华学校更名为国立清华大学。叶企孙先生听说当时在国立东南大学任教的吴有训不仅专业水平高、学术造诣深，而且有很强的领导能力，于是亲自到南京去聘请吴有训到清华大学工作。为了更好地发挥吴有训的作用，他主动辞去理学院院长一职，推荐吴有训担任院长，并且把吴有训的工资定得比自己的高。叶企孙高风亮节，毫无门户之见，一心为了发展教育和培养人才。他把聘请优秀教师、培养青年教师作为头等大事，先后聘请到萨本栋、周培源、赵忠尧、霍秉权、任之恭（物理学）、熊庆来、杨武之、赵访熊（算学系）、张子高、黄子卿、张大煜（化学系）、李继侗、陈桢（生物学）等[①]来清华大学理学院任教。重用大师育人才，搞科研，"清华大学

---

① 王孙禺，李越，叶赋桂. 大学之道：叶企孙的教育思想与办学实践——纪念叶企孙先生诞辰100周年. 清华大学教育研究，1999，（1）：11-17.

物理系的教学和科研很快在国内名列前茅"。李政道先生在一篇文章中写道："在发展速度上，在办系成功上，我想，叶老师的创业成就可以跟 20 世纪的加州理工学院相媲美的。"①"巧妇难为无米之炊"，为了让大师们有良好的工作条件，更好地从事科研和育人工作，叶企孙先生高度重视加强实验室建设，改善实验室条件。在办学经费比较紧张的情况下，他千方百计地从国外进口必需的仪器设备，还想方设法地自制仪器，专门为吴有训购置了一台 X 射线设备，为赵忠尧购置了镭放射源，确保他们有先进的仪器和物品进行科研和教学，充分发挥他们在育才中的作用。

五、叶企孙选才育才之道的启示

叶企孙先生的选才育才之道，对我们当今如何选拔和培育英才，以及如何贯彻落实党的二十大提出的"着力造就拔尖创新人才"有很大的启示。

（一）启示一：要反思我国教育存在的问题

七十多年来，尤其是改革开放后，我国教育取得了巨大成绩，但也存在一些不足。最大的问题就是对拔尖人才的选拔和培养工作做得不够，缺乏像叶企孙先生那样有战略眼光、家国情怀的培养大师的大师，缺乏培养拔尖创新人才的意识和紧迫感，只满足于教育的普及化、大众化、"大面积丰收"。教育主管部门、学校主管部门，尤其是主要负责人必须看到我国教育发展中存在的问题，必须树立培养拔尖人才的强烈意识，要认识到我国在科学技术方面的差距，从而激发培养拔尖人才、高端人才的紧迫感。叶企孙高度重视人才培养工作，正是因为他清晰地认识到在当时中国落后的情况下培养拔尖人才的极端重要性。

当今中国最迫切需要的是大批的人才，尤其是拔尖创新人才和顶尖人才。中国有全世界最庞大的教育体系、最大的教育规模。全国人才资源总量从 2010 年的 1.2 亿人增长到 2019 年的 2.2 亿人，其中专业技术人才从 5550.4 万人增

---

① 王荣泽. 简论叶企孙先生的教育思想. 物理教师，2020，41（1）：70-72.

长到7339.9万人①。但我国科技实力远远落后于某些发达国家，顶尖人才远远满足不了我国现代化建设发展的需要。20世纪90年代的数据表明，我国科技从综合实力来看，如果美国为100分，中国仅有20分；从科技队伍来看，全球顶尖科学家美国占47.5%，中国仅占6.7%；2022年的数据表明，全球顶尖科学家共195 606名，其中美国78 014名，占39.88%，中国7795名，仅占3.99%（占比不升反降）。2021年全球人才竞争力综合测评显示，我国位列第37名，与第二经济体大国的身份相差甚远。在当今知识经济时代、人工智能时代、大数据时代，经济社会的发展主要依靠高新科技创新和拔尖创新人才、高端人才。没有顶尖人才，科技难关不可能突破，社会不可能进步、国家不可能发展。党的二十大强调提出"着力造就拔尖创新人才"，具有重要的战略意义和现实意义。我们必须有忧患意识，像叶企孙先生那样有家国情怀，把拔尖创新人才的选拔和培养放在重中之重的地位，不能沉醉于、满足于数量上的大增长及"全面大丰收"。

（二）启示二：必须依靠名师和大师育人才

我国许多高校有不少名师和大师，但他们的主要任务是从事科学研究和攻关项目，没有把育人放在重要位置上。我们常说"名师出高徒"，名师不带高徒、不育高徒，何以出高徒？难怪有些学生说光听到大师其名，不见大师其人，没有机会接触大师。我们应该学习叶企孙先生，把大师育人放在第一位，并将其作为头等大事。尤其要安排拔尖学生、有发展潜力的学生跟着大师一起搞科研、做实验。叶企孙先生一直奉行"重质不重量"，主张每班仅七八个学生。他认为大学之所以为大学、大学教师之所以为教师，本质上不在科学研究而在人才培养②。他的这种强烈的育人意识一直贯穿于其全部工作之中。大师要有育人的意识，要努力把自己指导的学生培养成拔尖创新人才。

---

① 习近平. 深入实施新时代人才强国战略 加强建设世界重要人才中心和创新高地. 求是, 2021（24）: 3.
② 任增元, 李欣欣. 重温大师智慧 推进"双一流"建设——叶企孙先生高等教育核心思想探析. 大学教育科学, 2017,（3）: 63-69.

（三）启示三：要充分发挥二级学院院长和学科带头人在选才育才中的作用

叶企孙先生长期担任清华大学物理系主任、理学院院长，相当于现在高校的二级学院院长，他在人才培养方面发挥了巨大作用，培育出许多大师级人才。有人说，现在二级学院院长没有招人自主权、进人审批权，这些都掌握在人事处和校领导手中。这种现象是有的。因此，校领导和人事部门应充分听取与尊重二级学院的意见，他们在教学科研第一线，最了解学科专业和师生情况。另外，二级学院院长、学科带头人也要大胆地行使自己的职责权利，积极主动引进优秀人才。据我所知，大多数高校招聘教师引进人才，二级学院是能发挥作用的，进人首先要得到二级学院的认可，再报学校审批。少数学院对院内优秀教师关心不够，支持不够，更没有培养发展计划，缺乏"待遇留人、感情留人、事业留人"的情怀，这些都严重挫伤了教师的工作积极性。学校和学院领导要像叶企孙先生那样，视教师为亲人、为朋友，要有强烈的育才意识，要有强烈的"育才必须依靠名师、大师"的意识，不能把个人得失和名利放在第一位，而要把为国育才的事业放在第一位。

（四）启示四：要努力造就像叶企孙先生那样的管理大师和育人大师

叶企孙的育人实践告诉我们，必须依靠重点大学、名师大师，才能培育出精英人才。叶企孙为了做好清华大学物理系主任的工作，除承担一定的教学任务外，主要精力是从事管理工作、服务工作、行政工作和事务工作，这些工作本质上都是为了育才。叶企孙当时的职务和级别，相当于现在高校里的中层干部、行政人员。由此可见，办好一所大学，建设好一支教师队伍，培养出拔尖人才，必须有这支队伍，即"全心全意为教师、学生服务，为教学科研服务"的管理队伍。他们既要懂教学、懂科研，更要懂管理；既要有一定的学术造诣、教学经验，更要有高度的觉悟、高尚的品德、高超的领导艺术。因此，高校管理部门、学校领导应注重加强管理队伍的建设，从专业教师中选拔和培养高素质、高水平的管理人员，促使他们成为培育英才的大师，成为叶企孙式的大师。

世界一流大学与一流学科建设鲜为人知的经验①

洪成文

摘要： 2035年前，我国高等教育的宏伟目标就是建成世界一流大学，实现高等教育强国，为成就科技强国和人才强国打下坚实基础。虽然很多学者已经从不同角度对世界一流大学的建设经验做了大量梳理和总结，但鉴于一流大学建设要素的繁多及其相互作用的复杂性，大学发展受政治、经济发展水平制约的不可避免性，以及一流大学发展所体现的策略个性化，仍然有一些成功之道少有探讨，抑或是研究不够深入，甚至为决策者和实践者所疏忽。因此，探究一流大学建设过程中鲜为人知的特殊经验，不仅有其必要性，而且有很大的研究价值。为此，本文从六个方面探讨了一流大学在不同的发展阶段都有何种独特而非广为人知的经验。在此基础上，联系我国建设世界一流大学的实际需求，展开分析和反思，以便为我国建设世界一流大学和一流学科提供些许参考。

关键词： 世界一流大学；世界一流学科；路径；鲜为人知；经验

在探讨何谓"鲜为人知"之前，让我们先思考一个基本问题：世界一流大学的成功建设经验是普遍性大还是特殊性大？我认为，特殊性应该大于普

---

① 本文为作者向2023年7月16日召开的一流大学与一流教育家暨叶企孙先生诞辰125周年纪念大会提交的论文。本文作者洪成文为北京师范大学教授。参加本文写作的还有中华女子学院教师张博林，北京师范大学高等教育研究院博士研究生王佳明和张峰铭。

遍性。毕竟每所大学的遗传要素与环境要素都有很大的差异，遗传与环境决定了一流大学发展和成就的可能性。从遗传要素上看，牛津大学、剑桥大学与哈佛大学、耶鲁大学不同；从环境要素上看，斯坦福大学、麻省理工学院与北京大学、清华大学也不同。可见，大学之间的特殊性不可忽视，正所谓有一百所世界一流大学，就会有一百个不同的故事。因此，探讨一流大学背后那些独到又鲜为人知的发展经验是非常必要的，也是非常迫切的。

何谓"鲜为人知"？众所周知的常识和认知不是"鲜为人知"，少有研究且很少传播的、为人少知或不知的，才是"鲜为人知"。对于一流大学而言，坐拥一流的师资队伍、产生一流的科研成果、依赖一流的建设资金等，都是老生常谈的经验，自然不是"鲜为人知"，所以也不是我们的研究对象。那么，"鲜为人知"的经验如何判断呢？首先是没人研究或少有人研究的；其次是与研究一流大学成功经验完全相反的研究，也就是说，重视研究大学为什么没有成功，或者先成功了而后再次坍塌的教训；最后是只看到单方面的价值，却没有看到另一方面的价值，比如，重视立德树人，却没有认识到培养大学铁粉①的重要性。要做好这些研究，既要有对熟知的"通识"有全面的认知，也要有过程研究的精神，不断开拓研究新视角，用比较的视角，获取比较的新材料，方才有可能出现一点研究新进展。本文主要从引才与养才、培养校友和铁粉、一流专业与学派、募捐与投资生财、招聘与设置讲席教授、名校长和输送校长六个方面展示部分一流大学建设以及确保大学可持续发展的特殊经验。通过对这六个方面的深入分析和反思，结合我国"双一流"建设的现状，进行反思并提出对策建议，以期为同行的进一步研究奠定基础。

一、一流大学引才重要，养才更重要

一流大学的一流专业无一不重视人才引进工作，那么是不是人才只要引进到学校，工作就可以告一段落了？肯定不是。因为人才的"服务"或者"养护"更加重要。如果"服务""养护"工作没有做好，人才潜力发挥不出来，或者有潜力却待不长久，甚至很快离开学校，一定会降低引智工作的效益。

---

① 这里的铁粉指对母校有最高忠诚度的校友。

说得更严重一点，就是将引智工作做反了。

放眼国际，将引智工作做到极致的是普林斯顿大学，在人才服务方面贡献最为突出的案例莫过于亚伯拉罕·弗莱克斯纳（Abraham Flexner）和他的高等研究院了。弗莱克斯纳在从组建到打造再到服务高等研究院发展的全过程中，均强调与突出一个基本观点：人才引进是学校校长的责任，但是为科学家们服务并与他们朝夕相处的院长，才是关键之关键。校长在引进人才方面的作用固然很大，但是其"养护"工作却更多地落在了院长的肩膀上。因此，院长应该有何权责，具有什么样的人格特点，对待教授应采取何种态度，都是需要探讨的。从弗莱克斯纳的经验来看，院长首先应当具有包容性，要不拘一格去看待不同的人才。弗莱克斯纳引进的部分科学家（诸如赫尔曼·威尔教授、爱德华·厄尔教授）不仅处于其人生低谷期，还患有重度的抑郁症，尽管如此，他依然为其主动争取权益[1]。联想到今天，鲜有大学敢于录用患有抑郁症或者严重疾病的教授。其次，弗莱克斯纳从来没有压制过天才的薪资和待遇，反之，他做出了很多创举。与爱因斯坦谈工资待遇时，他将爱因斯坦提出的工资标准提高了六倍之多，并解释道，普林斯顿大学必须提供与他的水平相当的待遇，否则就是普林斯顿大学的错误了。在他任院长期间，美国经济大萧条还没有完全结束，大学也很拮据，尽管如此，他还是为老师设立了养老金制度，这在当时无疑是一个巨大的创举。在弗莱克斯纳看来，大学者都是"被宠出来的"。最后，弗莱克斯纳正确处理好了自己与教授们的关系。在他眼里，这些教授就是他"崇拜的偶像"。一方面，这些人才确实从实力和潜力上看都不可估量，是值得为人所尊敬与崇拜的；另一方面，学者本身具有成长期，在被"宠"的环境下工作，会产生更多的积极情绪，进而创造出更多的研究成果。虽然弗莱克斯纳本人没有发表过一篇像样的论文，但他的伟大之处就在于他能将世界顶尖的学者聚拢在一起。积极的服务态度和对知识及大师们的"崇拜"，无疑是他成功的关键，没有弗莱克斯纳的奉献和支撑，高等研究院难以实现培育出 33 位诺贝尔奖得主和 32 位菲尔兹奖得主的辉煌，也难以成就 20 世纪中后期的普林斯顿大学的一流发展之奇迹[2]。由

---

[1] 罗伯特·赫罗马斯，克里斯托弗·赫罗马斯. 爱因斯坦的老板. 林子萱译. 现代班组，2022，(7)：48.
[2] 杨立军. 从十大名校看美国式精英教育. 上海：学林出版社，2007：62.

此可见，引进人才重要，"养护"人才更重要。

当然，弗莱克斯纳院长到底拥有多大自主权，也是值得探讨的议题。联想到我国大学的内部治理现状，可能有人在羡慕弗莱克斯纳的同时，会产生疑问：中国大学能给二级学院院长们那么大的自主权吗？我国大学提供给院长们的自主权能支撑他们去做好"服务"和"养护"工作吗？显然，我们无法提供答案，这个课题值得进一步探讨。只要想建设世界一流大学，内部治理的优化问题就是绕不开又必须解决的大课题。

二、毕业生重要，培养铁粉更重要

立德树人是大学的基本任务，每年大学都会产生一批新的校友，但是校友当中有多少铁粉？铁粉是怎么培养出来的？铁粉对于大学的一流发展有什么作用？这些都是鲜有人探讨却又十分关键的课题。铁粉是成就与情感的复合体，如果一个人仅有成就而没有对母校的情感，那么他就是校友而不是铁粉，成就与情感兼具才是学校铁粉的关键所在。一般而言，我们可将学校的铁粉分为三个类别：一是毕业后大展宏图、潜力充分发挥且取得巨大成就的校友，母校同他们一荣俱荣[1]；二是毕业后自主或合作创业取得巨大财富且自愿为母校捐款甚至反复捐款的校友[2]；三是与母校不离不弃始终同甘共苦的校友。他们或是周转数校、最终返回母校做校长或董事的校友，或是在母校承担学术工作且面对他校"挖角"而不动心的校友，抑或是学校的管理者。他们深爱母校，且始终秉承一个信仰，能为母校做力所能及的工作就是一辈子最大的荣幸[3]。总而言之，一流大学必然有自己的铁粉，毕业生中的铁粉多，大学自然就一流了，而如若毕业生中鲜有或者不存在铁粉，那么这所学校的一流性就值得怀疑了。

那么，铁粉是如何培养出来的呢？让学生有过感动的经历和体验，是铁

---

[1] 洪成文. 世界一流学科发展有哪些国际经验. 中国高等教育，2018，(5)：1.

[2] 牛欣欣，洪成文. 美国一流大学年度捐赠的理念与实践——普林斯顿大学的经验. 高教探索，2021，(3)：88-95.

[3] 许晨. 立足现代追求卓越——弗莱克斯纳的现代大学理念与普林斯顿高等研究院的建立. 清华大学教育研究，2005，26（4）：78-81.

粉形成的基础。读书和拿学位好比大学生活中的普通凡事，被母校感动过且一辈子难以忘怀的感受才是形成铁粉的关键。家庭贫寒获得经济资助、前途渺茫获得导师智慧引导、毕业后就业困难获得母校支持，都是培养铁粉的具体表现。如果大学只关注招生、缴费与教学，而忘记了对学生身心健康和理想的引导，如果大学只是满足于在校期间的照顾或"看护"，而忽视了对毕业生毕业后可能面临窘境时提供适时的帮助，那么铁粉的培养就会面临困境。由此不难看出，一流大学对学生的服务不仅仅停留在学位和学位课程的修习上，也不仅仅局限于四年的本科学习和研究生生活。世界一流大学往往秉承并倡导"感动您的学生""为校友服务一辈子"的理念，这对我国正在创建一流学科或一流大学的同行的启发一定是莫大的。

三、一流专业重要，形成学派更重要

何谓学派？《辞海》中对"学派"的解释为："一门学问中由于学说师承不同而形成的派别。"同样，因以某一地域、国家、民族、文明或问题为研究对象而形成具有特色的学术传统，对全球学术进程和发展方向产生根本性影响的一些学术群体，同样可称为"学派"，如牛津大学的历史学派、剑桥大学的数学或者经济学学派、哥廷根大学的数学学派及芝加哥大学的经济学学派等。早在17世纪，剑桥大学就产生了影响全球数学研究的数学学派，亦引领着剑桥数学研究的卓越发展；20世纪初，哥廷根学派的诞生使其引领着当时的世界数学研究；第二次世界大战结束以后，普林斯顿大学的数学学派随着高等教育研究院的崛起和发展，为该校数学学科的发展奠定了基础。可见，如果没有政治、经济和外交因素的影响，学派一旦形成，不仅能为一流大学的建设提供支撑，而且会深远地影响大学未来很长一段时间的发展。

学派之所以重要，主要是学派具备了建设一流大学的全部特征：有最新的研究和思想；有优秀的教授和学科带头人；有对学科产生根本性影响的研究成果；当然也相应产生了人聚人的效应，即"高人"吸引"俊才"的效应，人才汇聚于学派，是科学发展的规律。以剑桥大学和哥廷根大学为例，前者

产生了牛顿、莱布尼茨和伯努利兄弟等数学家，创造了微积分及其分析方法，后者产生了高斯、黎曼、克莱因和希尔伯特等数学家[1]。他们探索了数学与应用数学、理论自然科学与控制工程技术相结合的研究范式，对数学的发展做出了巨大贡献。

同时，学派内部学术自由、平等交流，学术风气十分和谐。例如，20世纪初的哥廷根大学，学者们重视学术交流，形成了平等和自由的学术讨论氛围，学者之间相互配合、密切合作，营造了良好的学术风气。如果没有出现希特勒反动政权这颗毒瘤，哥廷根大学作为世界数学中心的地位不会戛然坍塌，美国大学的数学辉煌也有可能延迟很长一段时间才会出现。

聚焦学派形成原因的研究在高等教育领域几乎未有涉猎，所以我们很难直接归纳和提炼学派的发展经验。然而，科学史研究在世界科学中心转移上有了一些实证研究，为我们提供了一定的参考。世界科学中心转移的规律可以概括为以下三点。首先，要有史无前例的思想大解放，比如文艺复兴时期的意大利和启蒙运动时期的法兰西。其次，要有本国人才快速成长的环境、制度以及汇聚其他国家人才的手段和吸引力。最后，要有科学理论紧密联系社会实践的机制，确保科学成果的转化和应用能够落到实处。[2]世界科学中心的转移为研究学派的产生提供了间接的参考，尽管学派和科学中心之间还是存在概念内涵与外延的区别，但由此我们可以尝试性地得出结论，大学要形成世界级的学派，不仅需要有极大的人才汇聚能力，而且要有史无前例的思想解放。有了思想解放，才能有学科创新的爆发。

联系到当下我国建设世界一流大学的现实，我们至少要思考三个问题：第一，面对建设高等教育强国目标，我们已经有了思想解放，然而我们的思想解放之于学派的形成条件是否充足？第二，我们在哪些学科上更有可能较早地形成世界级学派？是否能够找寻相应的苗头？第三，学派的构建需要考量世界级科学家分配的问题，即名师是分散到各个大学好还是有组织地集中

---

[1] 刘沛清，杨小权. 哥廷根学派的发展历程. 力学与实践，2018，40（3）：339-343.
[2] 张云龙，马淑欣. 论科技发展与人文精神的内在勾连：基于世界科学中心转移的视角. 自然辩证法研究，2022，38（2）：86-92.

到两三所大学好？①

四、募捐重要，基金投资生财更重要

募捐是一流大学的工作常态，高水平大学在筹资方面也具有普通大学难以企及的优势，甚至在一流大学中，校长的主要工作之一就是筹资。从部分大学大额筹资项目的公布来看，筹资就是一场运动，牛津大学、剑桥大学在发起筹资运动，哈佛大学、斯坦福大学的运动更加宏大。大额筹资运动的兴起在一定程度上表明大学在资源竞争上进入了白热化阶段。动辄就是几十亿美元的大额筹资，不仅实现了筹资金额的大幅提升，而且实现了筹资周期的逐渐缩短，过去需要十来年才能实现的筹资项目，现今只需三五年便有可能实现，例如耶鲁大学的"为了明日的耶鲁"和斯坦福大学的"斯坦福挑战"等大额筹资运动都是提前实现的。②由这些运动开始，逐渐有了各院系全员动员、聘请专业团队负责筹资项目设计、校友年度捐款和讲习教授制募捐等多种大学筹资模式。可以说，多元的募捐文化已然成为一流大学校园文化的一部分。

募捐的意义是不证自明的，然而在一流大学中，另一同样重要的事项正在发展，这就是所谓的基金投资。基金投资的意义在于，使得社会募捐的硬筹资变成软筹资。传统的硬筹资是一种筹资所得与实际募捐相等的募捐，而软筹资则能将硬筹资的效益倍数化，通过有效的安全投资，使筹资所得获得增值。例如，哈佛大学积累了509亿美元的大学基金，耶鲁大学也积累了414亿美元的大学基金。③对于世界一流大学而言，基金的竞赛始终是存在的，如果斯坦福大学在筹资上超越了哈佛大学和耶鲁大学，那么一定不是这两所老牌大学所愿意看到的，因为基金是大学确保一流事业发展的根基之一。根据两所大学的基金报告，其年化率平均约12%，基金投资的收益每年就高达61

---

① 近十来年，我国引进了相当数量的顶尖科学家，这些科学家首次多为清华大学和北京大学所聘任。但是几年后，他们又纷纷被礼聘为其他大学的校长。从科学发展的角度看，人才在特殊环境的集中度被稀释了。我认为，科学家分散到各个大学，是不利于学科或学派的发展的。
② 李洁. 斯坦福大学捐赠基金管理策略研究与启示. 现代教育管理, 2015, (8): 124-128.
③ 数据来源于各高校官方网站。

亿美元和49.7亿美元。与此同时，哈佛大学和耶鲁大学还进一步发起了大额募捐运动，计划在五到十年内募捐到50亿美元，以促进学校自身长远发展。[①]由此不难看出，基金投资的本质就是"钱生钱"，从效益上远比大学筹资的价值大，所投入的人力物力也比筹资要少得多。

概而言之，基金对于一流大学的发展有三大作用。首先，能够实现大学筹资所得的增值，如上所述，名牌大学的基金增值已经接近大学的日常性经费总和，当然这里是指少数一流大学且基金总量达200亿美元以上的学校。声誉越好，筹资能力越强，基金总量越大，所产生的效益就越高，这就是一流大学资金"滚雪球"的现象。其次，大学基金可以起到避税和避险的双重作用。所谓避税，指的是大学的基金投资收益因为大学的非营利性而获得免税资格；所谓避险，指的是这笔基金可以对大学运行中的财政风险起到平衡作用。大学基金可以保障大学遇险而不险，帮助一流大学在危机之中化险为夷、渡过难关。最后，大学基金的构建将学校的经营范围从校园扩大到市场。一流大学的基金投资使其具备了从市场获得红利乃至巨大红利的能力，将大学的筹资所得投入市场中，在风险可控的前提下，实现进一步的增值，就是将经营范围扩大到市场的具体表现。

当然，大学也相当关注资金的安全问题。很多人可能会好奇，市场中存在风险，如何对其进行控制？如果大学基金投资遭遇风险，责任谁来承担？要回答这些问题，可以从耶鲁大学的首席投资官大卫·F. 史文森（David F. Swensen）那里找到答案[②]。作为诺贝尔经济学奖得主詹姆士·托宾（James Tobin）的学生，大卫应恩师之邀于1985年出任耶鲁大学首席投资官，并在耶鲁大学商学院教书育人，其开创的"耶鲁模式"使他成为机构投资的教父级人物，也正是在他卓越的基金管理能力之下，耶鲁大学的基金得以屡创佳绩。联系到我国的"双一流"大学建设，对我国大学基金的发展，我们应该秉持开放包容的态度，不仅要提高认识，更要解放思想，以多种方式促进大学基金不断增

---

① 林成华，洪成文. 美国一流大学"顾客导向"大额捐赠管理模式. 比较教育研究，2015，37（12）：48-54.

② 大卫·F. 史文森. 机构投资的创新之路. 张磊，杨巧智，梁宇峰，等译. 北京：中国人民大学出版社，2015.

值，只有迎头赶上，我们才有可能赶超世界一流。否则我们与世界一流大学的差距会被进一步放大，难以实现赶超与飞跃。

五、补充年轻教员重要，引进讲席教授更重要

一流师资是一流大学的标配。师资队伍建设一般有两大路径：一是补充新教员，内部培养，使其发展到挑大梁的位置；二是外部的人才引进，俗称"挖角"和"挖人"。本文无意区别和探讨这两大途径，而是将目光聚焦于第三条鲜有研究者关注的师资建设路径，即通过捐赠教席来吸引和选拔人才。

在人才引进的过程中，利用捐赠教席来吸引和选拔优秀人才，是一流大学独有且十分有效的手段。一般而言，捐赠教席就是通过社会募捐获得资金，然后以个人姓名设立的教授席位。讲席教授在大学中不仅冠名教授，而且往往由本学科学术水平最高的教授担任。最早的讲席教授，可以追溯到剑桥大学的卢卡斯数学讲席教授。五百年前，谁能担任卢卡斯讲席教授，谁就是数学界的泰斗。[1]到了德国，讲席教授演变成了讲座教授，一个专业，只有一位讲座教授，讲座教授具有学术权威和部分行政权力。有了讲座教授，就不再新聘教授，除非讲座教授退休或者身体不适。20世纪初，德国科学的兴旺发达与讲座教授制就存在某种微妙的关系。[2]美国更是"滥用"讲席教授的典型，讲席教授的制度广泛存在于美国名牌大学和诸多普通大学之中。以加州大学为例，自20世纪80年代开始20多年的时间里，加州大学的讲席教授从80个增至1695个，足见捐赠讲席教授制在美国高等教育领域的重要影响力。[3]对于美国学者来说，如果头上没有一顶讲席教授的帽子，都不好意思开口说自己是大学教员。

从效果来看，捐赠讲席制让一流大学达到"一石三鸟"之效。首先，大

---

[1] 杨庆余. 近代科学建制史上的丰碑——卢卡斯数学讲席教授的设立、意义及其影响. 自然辩证法研究，2014，30（11）：99-104.

[2] 王保星. 德国现代大学制度的发轫及其意义映射——基于哈勒大学和哥廷根大学创校实践的解析. 中国高教研究，2018，（9）：41-46.

[3] 张和平，沈红. 研究型大学引资与引智同行：加州大学捐赠讲席制度的特征. 湖北大学学报（哲学社会科学版），2016，43（5）：152-158.

学设立讲席教授，是取材于社会且一劳永逸；其次，讲席教授对于解决教授后期的职业倦怠起到了极大的刺激作用；最后，通过讲席教授的平台来"挖人"，是提升自我、击败竞争对手最有效的武器。讲席教授相互之间也存在平台高低区别，讲席教授的声誉越大，对学者的吸引力越大，一流大学的讲席教授，从声誉和待遇上都能够更好地获得优秀学者的青睐。

当然，讲席教授制度不仅仅在大学的科学研究方面发挥作用。十多年前，麻省理工学院的苏姗·霍克菲尔德（Susan Hockfield）校长就巧妙地借用了讲席教授制度来缓解大学教授之中普遍存在的教学科研不均衡的矛盾。校长通过讲席教授制度引进了上百位教学专职型教授，令其专门从事教学相关的工作，而邀请教授的资金又全部来自募捐。通过这种方式，麻省理工学院零成本聘用了百余位成就卓越的教授，解决了很多名牌大学长期面临但一直未能解决的问题。

所幸的是，国内部分大学也开始设立种类不同的讲席教授职位，或者以名人的名字命名，或者以捐赠者的名字命名，或者以"某某江"或"某某山"来命名，这些都是很好的现象，值得鼓励。但仍有不少问题值得我们进一步思考，如讲席教授建设资金是依靠事业经费还是依靠捐赠资金？如何快速地提高讲席教授的学术声誉？讲席教授如何实现可持续发展？

六、拥有名校长重要，向外输送校长更重要

大学要发展离不开名校长。哈佛大学因为查尔斯·威廉·艾略特（Charles William Eliot）而确定了美国领头羊大学的地位，西南联大因为梅贻琦而有了历史性辉煌。有什么样的校长，就有什么样的大学。尽管这一判断并非放之四海而皆准，但是在建设世界一流大学的道路上，很多国家的大学还是将选聘一流校长放在了举足轻重的位置上，这是大家都有目共睹的。但我们往往忽略了一点，即卓越校长的聘任是绝对的关键，而向其他大学输送校长同样是一流大学的成功秘籍之一。为其他大学输送校长，能够给源大学[①]带来什么效益？概括起来有以下几点。第一，成就了源大学一个"校长培养所"的荣誉称号。以耶鲁大学为例，美国很多知名大学的创校校长均来自耶鲁大学、

---

① 源大学指的是人原来所在的大学或原先就职的单位。

普林斯顿大学、哥伦比亚大学、康奈尔大学、约翰斯·霍普金斯大学、达特茅斯学院、佐治亚大学和伯纳德学院等。[①]这会给美国社会留下一个耶鲁校友拥有支持教育事业善心的共同印象。同时，诸多大学的创建和成功发展，在一定程度上也为源大学添加了不少荣耀。第二，向外校输送大学领导者间接肯定了源大学的理念和先进管理方式。21世纪初，耶鲁大学集中向世界一流大学输送了众多大学校长，再次宣传与弘扬了耶鲁大学的管理智慧。剑桥大学的艾莉森·理查德（Alison Richard）校长、牛津大学的安德鲁·哈密尔顿（Andrew Hamilton）校长、麻省理工学院的苏珊·霍克菲尔德校长、宾夕法尼亚大学的朱迪思·罗丹（Judith Rodin）校长、达特茅斯学院的理查德·哈莱克·布劳德海德（Richard Halleck Brodhead）校长等，均出自耶鲁大学。如此集中地向外输送校长，不仅能够更广泛地向世界传播耶鲁大学的办学理念，还能收获同行的认可与感激，形成了一个双赢的良性循环。

那么，如何才能形成集中向外校输送校长的情景呢？我认为大致有两点。一方面，打铁还需自身硬。大学想要向外输送校长，首先应当提升自身的综合水平，保证大学自身的世界一流，才有望培养出卓越的教育领导人才。耶鲁大学在人才培养、科技创新、文化引领方面所取得的成就为其成为"校长培训学校"奠定了坚实基础。另一方面，"校长培训学校"的诞生与源大学的主观能动性密切相关。大学自身应当有意识地向外界输送自己培养的卓越人才，让所有人才都能够在最适合自身的位置上发挥才能。主动推荐或许不能保证校长输送这一行为的决定性成功，但在一定程度上能够为毕业的优秀人才扫除职业生涯发展道路上的障碍。耶鲁大学向外输送校长的成功实践是否与其领导层有意识的推荐行为相关尚未可知，但有一点可以明确，那就是从结果来看，耶鲁大学具备了向外界输送校长的主客观要素，这是我国大学所欠缺并亟待提升的。

囿于篇幅限制，本文仅从上述六个方面探讨世界一流大学建设过程中那些鲜为人知的经验。需要厘清的是，世界一流大学建设的独到经验远不止于此，还有待研究者进一步地探索、发掘与丰富这一课题的研究成果。

---

① 耶鲁大学：美国学院之母. https://www.sohu.com/a/143795332_380470［2017-05-26］.

"双一流"建设评价体系：内涵、分类与标准建构[①]

冯用军

摘要： 在数智时代，需要科学界定"双一流"建设高校评价体系的理论内涵和价值导向，系统构建"双一流"建设高校分类评价框架及其评价标准体系，完善政府评价、高校内部自评与社会评价"三位一体"的高校评价体系。这有助于高等教育工作者坚持和完善中国现代大学评价制度，推进高校评价体系和评价能力现代化，破解"双一流"高校建设动态监测评价机制"卡脖子"工程和关键共性技术。

关键词： "双一流"大学；评价体系；大学排名

在加快建设教育强国和数智化时代背景下，"双一流"建设高校的科学遴选、成效评价、统筹推进等都需要对"双一流"建设高校评价体系的理论

[①] 本文为作者向2023年7月16日召开的一流大学与一流教育家暨叶企孙先生诞辰125周年纪念大会提交的论文。本文作者冯用军是陕西师范大学教育学部高等教育研究所所长、教授、博士研究生导师，石河子大学师范学院副院长（援疆），主要从事高等教育政策与评价、教育历史与文化、教育发展战略规划研究。基金项目：陕西师范大学中央高校基本科研业务费专项资金项目"'一带一路'下陕西'双一流'大学建设战略研究"（21SZYB11）；陕西师范大学高层次人才科研启动项目"中国大学监测评价关键技术研究与应用示范"（1110011175）；陕西师范大学中央高校基本科研业务费专项资金项目"研究阐释习近平总书记在庆祝中国共产主义青年团成立100周年大会讲话重要精神专项项目"、"中国高校共青团思政育人的重大成就和历史经验研究"（2022zdpy002）；陕西师范大学"教育家精神"研究项目"中国高等教育学家潘懋元精神研究"（JYJYB02）；陕西师范大学教改项目"《大学生劳动教育》课程教学评价改革与实践"（23GGYS-JG11）。

内涵进行科学界定，在此基础上对"双一流"建设高校新分类评价框架和"双一流"建设高校新评价标准体系进行系统构建，为完善党和政府行政评价（国家"双一流"建设专家委员会评价）、高校内部评价（高校自我评价）与社会评价（第三方评价）"三位一体"的中国特色高校评价体系，充分发挥高等教育的龙头作用和多元多维教育评价的引领功能，是一项社会各界亟须破解的"卡脖子"工程和关键共性技术。构建中国"双一流"建设高校评价体系，是扎根中国大地、用中国教育标准数据评价中国高校贡献的重要创新，其长远目标是实现高校评价与大学高质量发展的良性互动，其价值导向是引领中国大学助力中华民族伟大复兴。

一、"双一流"建设高校评价体系的理论内涵

"双一流"建设高校是中国高等教育高质量发展的核心力量，其建设绩效的科学评价是一个学术和实践"双重"难题。"双一流"建设高校评价体系是中国自主知识体系的重要组成部分，也是推进高等教育评价体系和评价能力现代化的重要支柱。教育评价是由评价的目标、原则、组织、人员、内容、方法、技术等评价要素相互关联而构成的智能化跟踪监测工作系统，"双一流"建设高校评价体系指由表征"双一流"建设高校各方面特性及其相互联系的多个评价要素所构成的具有内在结构的有机整体。在教育数字化转型中，"双一流"建设高校评价体系也是利用大数据、云计算、超光速通信、生成式人工智能、类人机器人等前沿技术，对"双一流"建设高校的发展状态数据（评价指标数据采集点）进行科学评价的智能系统。信息化、数字化、智能化、仿生化是其四大特征，系统性、典型性、动态性、简明科学性、可比性、可操作性、可量化、综合性和可验证性原则是构建科学化、规范化评价指标体系时必须遵循的九个基本原则。

二、"双一流"建设高校评价体系的科学分类

世界一流大学因知识创新的源头不同而丰富多彩，它们的成长路径各不

相同。科学定位、合理分类、自主发展既是对"双一流"建设高校进行科学监控、合理评估、跟踪测度的前提条件，也是引导"双一流"建设高校错位发展、办出特色的基础。对大学进行分类评价是国际惯例，也是国家行使教育治理主权的重要体现。《中国教育现代化2035》提出要"分类建设一批世界一流高等学校，建立完善的高等学校分类发展政策体系，引导高等学校科学定位、特色发展"[1]。推进"双一流"建设高校内涵建设、特色建设、高质量建设，必须坚决扭转不科学、不合理的高等教育评估导向，即破"五唯"，积极探索构建引导与激励"双一流"建设高校重师德师风、重真才实学、重特色校友、重质量贡献、重文化影响的评价体系是重中之重。大学合理分类是科学定位、特色发展的前提，"双一流"建设高校必须有与之动态匹配的中国特色世界接轨的高校分类标准。我国于20世纪90年代开始高校分类研究，做了大量理论分析工作，取得了一些实践应用成果。[2]为了更加合理、科学地调整、优化我国"双一流"建设高校布局、形式、科类、层次、治理结构，必须重构符合中国国情、接轨世界标准的"双一流"建设高校分类方法。

随着高等教育理论研究的深入，对传统大学二维分类的做法有了更多新的科学认识，通过实践检验后发现，有必要在批判借鉴联合国、卡内基等组织的高等教育分类法基础上，创新中国大学标准分类体系，即遵循分类分区分层分级原则[3]，对教育、科技、人才三维象限内的"双一流"建设高校进行新的特征质化。①研究型"双一流"建设高校侧重培育学术型人才和开展基础性科技研发活动，在哲学社会科学与自然科学领域等拥有大批卓越教师、杰出校友、顶尖科技成果等，重点解决基础理论创新问题，典型高校如北京大学、清华大学等；②专业型"双一流"建设高校侧重培养特色型人才和开展专业性科技研发活动，在工程与技术科学、人文社会科学领域等拥有若干一流师资、一流校友、一流科技成果等，重点解决行业性关键创新问题，典型高校如中国石油大学、河海大学等；③应用型"双一流"建设高校侧重培养技术型人才和开展应用性科技研发活动，拥有一大批行家里手、大国工匠，

---

[1] 中共中央 国务院印发《中国教育现代化2035》. 人民日报, 2019-02-24: 1.
[2] 史秋衡. 国家高校分类体系及其设置标准实证研究. 北京：科学出版社, 2016: 1-5.
[3] 冯用军. 中国"双一流"大学评价研究报告（2022）. 北京：中国经济出版社, 2023: 2-5.

重点解决理论与实践联通环节的关键性创新问题，典型高校如石河子大学、外交学院等；④技能型"双一流"建设高校侧重培养技职型人才和开展技能性科技研发活动，人才和科研主要集中在生产一线，重点解决实践性创新问题，典型高校如中央音乐学院、上海体育大学等。其中，学术研究型大学和专业特色型院校是"双一流"建设高校的发展重点与优先方向。

在此基础上构建中国特色"双一流"建设高校新分类，主要依据是"双一流"建设高校的办学定位、办学特色、办学质量、办学贡献等。一是根据"双一流"建设高校人才培养目标与科技研发质量等，将"双一流"建设高校分为研究型、专业型、应用型与技能型四种办学类型。二是根据"双一流"建设高校学科专业设置和毕业生职业发展领域（职场成就）等，将"双一流"建设高校分为综合型和特色型两种办学类型，其中，特色型又细分为师范、财经、政法、医药、农林、交通等行业特色型"双一流"建设高校，以及艺术（音、美、戏）、体育、传媒和警察等专业特色型"双一流"建设高校。[1]新型"双一流"建设高校三维象限分类又可以组合出更多类型的"双一流"建设高校，如农林类特色研究型院校（如西北农林科技大学等）、财经政法类特色研究型院校（如中南财经政法大学等）、新型研究型院校（如南方科技大学等）。

中国特色"双一流"建设高校三维立体分类兼和中国特色、民族情怀、全球眼光，充分考量了大学的办学定位、办学特色、办学质量、办学贡献（人才、科技、社会、国际贡献等），突出了大学立德树人的核心职能与教书育人的根本任务，从理论与应用维度实现了大学监测评估中教学与科研、师生与校友、大文科与大理科、校内与校外、投入与产出、历史与现实等的动态平衡，体现了其促动功能：有利于促进大学人才培养的多元化（办学定位），有利于引导大学分类发展的多样性（办学层次），有利于体现大学综合贡献的差异性（办学特色）。新型"双一流"建设高校分类标准符合党和国家中长期高等教育发展战略规划要求、高等教育内外部关系规律、与世界接轨又兼顾中国特色的评价原则，遵循了学术通约规范与大众认知常识，有助于促发职普

---

[1] 冯用军，赵德国. 中国大学评价研究报告（2015）. 北京：科学出版社，2015：11.

融通、产教融合、科教融汇"三轮驱动"下"双一流"建设高校与经济社会系统的复杂耦合关系和叠加效应，不断提升大学的知识创新能力和人才贡献能力，保证大学始终走在围绕扎根中国大地建设"双一流"高校的"正轨"上。即通过科学定位、合理分类、系统再造促进"双一流"高校差序发展、办出特色、创造贡献，这正是中国特色"双一流"建设高校助力创新型国家与世界强国建设的制胜之道。

三、"双一流"建设高校评价体系的标准建构

制定中国"双一流"建设高校评价体系是推动高等教育内涵式发展、高质量发展、现代化发展、国际化发展、数字化发展等的重大引领性工程，其建设进展和成效评价具有根本导向性。2020年10月13日，中共中央、国务院印发《深化新时代教育评价改革总体方案》，提出要"制定'双一流'建设成效评价办法，突出培养一流人才、产出一流成果、主动服务国家需求，引导高校争创世界一流"，指明了我国推进教育监测评估体系和监测评估能力现代化的奋斗方向。在对国内外大学评价相关研究成果进行深度数据挖掘和科学计量分析的基础上，创新运用钱学森创立的"从定性到定量的综合集成法"（TMS法）等，采用弹性系数和优化算法等初步实现了用一套弹性评价指标体系评价全球大学的万有排名模型。即根据"双一流"建设高校在人才培育、知识创新、技术发明、文化传扬、国际交往、道德引领等维度上的标志性贡献侧重来科学调谐各级指标算法和合理协整各级指标权重，基本实现了"双一流"建设高校评价思想、理念、机制、原则、方法、标准、模型、路径等的理论创新和实践突破，在国内外率先构建起一套富有中国特色、接轨国际标准的"双一流"建设高校评价体系（表1），并应用于"双一流"建设高校全周期绩效评价。[1]

---

[1] 冯用军，赵雪，朱立明. 中国特色世界一流大学建设成效评价体系理论建构与实践验证. 江苏高教，2019，(1)：20-26.

表 1　中国特色"双一流"建设高校评价体系

总指数	元指标	一级指标	二级指标	指标权重	指标侧重	指标属性
中国特色世界一流大学评价指数（CUTI）	人才培养指数（教育教学）C&CI	思政教育	思政成效	0.08	中国特色	定性/历时数据
		教学质量	教学水平	0.07	中国特色	定性/历时数据
			校友质量	0.10	世界标准	定量/历时数据
		师资质量	杰出师资	0.09	世界标准	定量/历时数据
		培养基地	学科实力	0.06	中国特色	定性/历时数据
	科技研发指数（研学产用）S&TI	科技项目	高端项目	0.06	中国特色	定性/历时数据
		科技平台	创新平台	0.05	中国特色	定性/历时数据
		科技成果	标志成果	0.08	世界标准	定量/历时数据
		科技奖励	高级奖励	0.07	世界标准	定量/历时数据
		科技转化	技术转让	0.05	中国特色	定性/历时数据
			决策咨询	0.04	世界标准	定性/历时数据
	社会服务指数（社会服务）S&SI	社会声誉	生源质量	0.05	中国特色	定量/历时数据
			大学捐赠	0.02	世界标准	定量/历时数据
			传媒报道	0.01	中国特色	定性/历时数据
		社会进化	创新创业	0.02	世界标准	定性/历时数据
	文化引领指数（文化传承与创新）C&II	文化繁荣	文化传承	0.02	中国特色	定性/历时数据
			文化创新	0.02	中国特色	定性/历时数据
			文化引领	0.03	世界标准	定性/历时数据
	国际声誉指数（国际交流与合作）I&CI	国际师生	境外师生	0.03	世界标准	定量/历时数据
		国际平台	跨境平台	0.01	中国特色	定性/历时数据
		国际学术	学术影响	0.02	世界标准	定量/历时数据
		全球排名	世界排名	0.02	世界标准	定量/历时数据

表中，CUTI: The Chinese Top Universities Index，C&CI: Constructor and Cultivation Index，S&TI: Science and Technology Index，S&SI: Society and Service Index，C&II: Culture and Innovation Index，I&CI: Internationalization and Cooperation Index。

作为一项先导研究，"双一流"建设高校评价体系在本质上符合高质量高等教育体系的评价导向和高等教育高质量发展的评价理念。按照 2035 年建成教育强国的战略目标，在高等教育后普及化阶段，精英高等教育更加繁荣，才能确保在建设高质量高等教育体系的同时，完成高等教育高质量发展的战略任务。教育评价改革是教育改革的"牛鼻子"，在多元化高等教育质量观内，元宇宙时代的普及化高等教育评价已经出现了新的发展趋势，特别是针对"双一流"建设高校建设成效的科学评价，将更加强调建设成效的分类评价和个性化校本评价，更加强调教师道德素养和引领知识创新的成效评价，更加强调学生的全面发展和毕业生的职场发展成就的评价，更加强调对解决党面临的急难险重问题和可持续推进国家发展的重大贡献的本领评价,更加强调内部质量监测保障现代化和持续改进质量的体制机制的评价。因此,要加快构建中国"双一流"建设高校评价体系,优化国家高等教育质量动态监测与跟踪评估平台,全力推进"双一流"建设高校高质量发展和多元综合评估进程,真正掌握教育评价标准制定权和完全自主创新知识产权[①],最终形成以结果评价、过程评价、增值评价、综合评价为核心的"四个全面"功能互补的评价新体系和自我评估、院校评估(含合格评估和审核评估)、专业认证与评估、国际评估、教学状态常态监测的中国特色"五位一体"评价新制度,赋能中国高等教育高质量发展和中国式高等教育现代化。

---

① 冯用军,赵丹,高杨杰,等. 加快建设教育强国 为中华民族伟大复兴提供有力支撑(笔谈). 现代教育管理,2023,(10):24-45.

第二编
追望科教先贤

如何从一般走向一流

——叶企孙在清华物理系的教育实践评析[①]

胡升华

叶企孙作为中国现代物理学事业乃至整个科学事业的一位奠基者和卓越领导,他获得成功的最重要因素,我们认为有两个:其一,他的人品和操守有着巨大感召力与教化作用;其二,他卓越的科学素养和广阔的学术视野能够在学科发展的关键时候发挥正确的引导作用。叶企孙的家庭背景和教育背景与这两个要素的形成是密切相关的,也是深入研究叶企孙教育理念和学术思想所不能忽略的。

在清华大学物理系的创办过程中,叶企孙不仅借鉴了哈佛大学的经验,而且根据中国物理学的发展状况进行了适度创造。他与吴有训教授及物理系其他教授的成功教育实践,为清华大学乃至全国的物理学教育开辟了良好的发展局面。研究叶企孙在清华大学物理系的教育实践,对我国建设世界一流大学和一流学科有着宝贵的借鉴意义。

---

① 本文为作者向 2023 年 7 月 16 日召开的一流大学与一流教育家暨叶企孙先生诞辰 125 周年纪念大会提交的论文。本文作者胡升华,科学出版社原副总编辑,中国科学技术大学科技史与科技考古系兼职教授,主要研究方向为近现代物理学史。

一、父亲的影响

叶企孙的父亲叶景澐（字醴文，1856—1935）曾任上海敬业学校校长、养正学校校长、上海教育会会长，1913年受聘任清华学校国学教师，同年叶企孙也再次考入旧制清华学校，在父亲身边就读。在性格、为人处世原则及传统文化方面，叶企孙深受父亲的影响。

1905年初，叶企孙不足7岁时，母亲突然病逝。丧妻之痛使叶醴文积忧成疾，环顾膝下未成年子女，悲从中来，遂立下一份言简意赅的遗嘱。遗嘱无涉财产器物，只重修身治学。

叶醴文遗嘱

光绪三十一年二月二十九日（1905年4月3日）

悲[1]愁贫病，相逼而来，境遇之艰，于斯已极。恐疾亟时不能言并不能执笔也，爰书数语，以告后人。绩基眘[2]三儿其敬听之：

吾子孙勿吸鸦片，吾奉耶教，勿奸淫，勿赌博，勿饮过量之酒，勿贪不义之财。

凡人涉世，以泽友为要。得一贤友，受益不少，得一损友，受累最多。

诸葛武侯曰：学须静也，才须学也。非学无以广才，非志无以成学。

洪北江曰：行己莫如俭，待人莫如恕。俭则无求于人，恕则无忤于物。

吾死之后，勿用僧道，勿用音乐，勿用铳炮，勿用执事，勿用繁缛（扎彩），凡但饰外观，毫无实际者，一概除去，饮食全素，惟请知宾数，可酌加鱼肉。吾子孙能世世遵守，吾目瞑矣。

《礼记·大传》一篇，乃礼经大义也，熟读深思，可悟保种保教之道。[3]

叶企孙髫年失恃，父亲苦志坚心，独自承担育儿全部责任，不再续弦。叶醴文对叶企孙影响至深。叶醴文存世文字资料甚少，这份遗嘱让我们得窥他的品性和价值观之一斑。叶企孙兄弟三人在父亲去世时曾撰述《先考醴文府君行述》，文中描述，父亲"研学虑事悉务精实，生平言语动作不苟于取合，

---

[1] 悲——丧妻也。
[2] 绩基眘——叶醴文的三个儿子分别是叶鸿绩、叶鸿基、叶鸿眘（即叶企孙）。
[3] 《叶醴文遗嘱》（手稿）。

进退必以礼法自持……设塾授徒二十四年，亦不专以帖括教人，于修身治学之道，指示甚多"①。这段话刻画出一位深受中国传统文化浸润，兼具求真务实作风，不猛而威的文士形象。

1913—1918年，父子同在清华学校，当时清华学校重视西学和外国教员，相比之下，国学和国文教员颇受冷遇。叶企孙在清华学校5年里，于课余时间广泛涉猎国学典籍，既是受民族自尊心的驱使，也饱含一份对父亲的孝心。叶企孙对中国算学经典尤下苦功，在《清华学报》等刊物上发表了《中国算学史略》等多篇中算史研究论文，受到梅贻琦等教师的盛赞。

叶企孙父亲对他的影响至少有下列三个方面。

一是，叶醴文对中国天文历法颇有研究，叶企孙儿时，父亲常于深夜带他去院子里仰望天空，"示指星象"，从小培养他探索大自然的爱好，对他后来选研修物理学当有潜移默化的影响。直到晚年，叶企孙依然保持着对中国天文和算学的浓厚兴趣。

二是，父亲向叶企孙传达了一份浓烈的家国情怀。这一点从他1912年送叶企孙去陆军部所属上海兵工学堂学习、从他遗嘱中对"保种保教"的关切中不难推测。现存的叶企孙1915—1916年的日记中不时流露出其对中华民族崛起、改变科学落后面貌的希冀。从他中学时代精研国学，到投身冀中抗战活动，再到后来站在国家利益的高度谋划中美"庚款"留学考试，无不体现出其对国家和民族的赤诚。

三是，父亲的言传身教养成了他沉稳持重的个性、严谨务实的作风，以及廉洁自律、克己奉公的操守。这些品质对于一个学术领导而言，所发挥的作用是不可忽视的。

二、哈佛大学留学的影响

叶企孙在哈佛大学留学期间（1920—1923年）恰是量子力学诞生的前夜，物理学即将取得重大突破；同时，美国物理学也处于发展的关键时期，远远落后于欧洲物理学的状况深深刺痛了美国人，变革的序幕正徐徐拉开。就美

---

① 叶铭汉，戴念祖，李艳平. 叶企孙文存（增订本）. 北京：科学出版社，2018：597.

国物理学当时的发展态势而言,那时确实是一个需要英雄并产生了英雄的时代,这些英雄——新一代年轻的美国物理学家——其中有些人是叶企孙的师兄弟,他们接过老师的接力棒,在他们老师不熟悉的赛道上与欧洲同行竞争,向物理学的前沿领域迈进。通过新的量子力学工具,处理原子、分子问题,逐步把美国物理学推向世界前列。

美国传统上是一个重实用而忽视物理理论研究的国家。19世纪后1/3的时间里,随着热学、电学、能量科学的发展,科技对社会发展的强大促进作用得以充分显现,形势逼迫美国大学逐渐重视科学教育,同时研究型大学也纷纷诞生,美国物理学研究工作渐入佳境,而这时正是经典物理学最辉煌的时期。这种背景使美国物理学一开始就形成了牢固的机械自然观,也铸就了美国实验物理传统。直到20世纪20年代,美国在大多数科学领域只在实验方面而非理论方面有上乘的表现。在欧洲量子物理学研究如火如荼地发展的时候,美国物理学家却显得相对平静,美国已成名的物理学家,也即叶企孙老师辈的物理学家,对量子化的概念基本上大都采取回避的态度。

叶企孙留学期间,哈佛大学物理系的教授们都是卓有成就的实验物理学家。物理系的常规情况是,一名研究生入校后很快就会精通机器车间的工作,并在第一年选择一个实验论文主题后开始建造设备,最终完成一篇实验论文。大多数美国物理系都一样[1]。哈佛大学物理系主任莱曼(T. Lyman,1874—1954)教授挂在嘴边的一句话是:物理学是一门实验性的学科。纯理论的论文在20世纪20年代之前,一般是不能作为博士论文被美国大学物理系所接受的。

中国物理学界的主要领导大多拥有留美经历,美国实验物理传统的影响,也深深地体现在中国物理学早期发展的历程中。

叶企孙在哈佛大学留学期间的博士研究生导师是实验物理学家布里奇曼,很有意思的是,叶企孙的同门师兄弟中或同期同学中,出了几位对美国理论物理学的发展起到奠基性作用的理论物理学家,如埃德温·C.肯布尔(Edwin C. Kemble,1889—1984)、约翰·克拉克·斯莱特(John Clarke Slater,1900—1976)、约翰·H.范扶累克(John H. van Vleck,1899—1980)等。在量子物理风暴来临的时候,他们做出了与叶企孙、胡刚复等中国同学不同的

---

[1] Holton G. On the hesitant rise of quantum physics research in the United States. AIP Conference Proceedings,1988,(179):182.

选择，在量子力学创立和发展的历史机遇来临的时候，义无反顾地投身其中，最终为美国理论物理学的发展、为美国走到世界物理学研究的前列做出了卓越贡献。

关于叶企孙、胡刚复与其哈佛大学师兄弟在学术发展路径上的不同选择的比较是很有意思的，这里不做更多的探讨，只给出我们的研究结果。

20世纪20年代，中美两国物理学发展处于不同的阶段，美国年轻一代物理学家的使命是追赶国际物理学发展潮流，使美国物理学在国际上有一席之地；叶企孙这一代物理学家的使命则是让物理学在中国从无到有地生长出来，并沿着正确的路径健康发展。叶企孙等中国物理学家与他同期的美国同学在学术道路上做出了不同选择，虽然有两国学生性格方面差异的因素，但最主要的是，两国物理学处于不同的发展阶段，各自的历史使命不同。他们后来的成功证明各自都做出了正确选择。

哈佛大学的留学经历对叶企孙科学素养的提升和学术视野的开阔是非常重要的。

叶企孙在哈佛大学留学期间的修习课程及成绩一览表见表1。

表1 叶企孙在哈佛大学留学期间的修习课程及成绩一览表

学年	课程类别	课程名称	课程编号	授课教师	课程要求	修课成绩
1920—1921	物理	电学与磁学的数学理论	9	布里奇曼	最好修习过电学、电学测量、光的电磁理论、X射线与放射性	B
	物理	研究课-放射性与X射线	20d	杜安		A
	数学	动力学	8	凯洛格		B−
	数学	函数论	13	奥斯古德		B
1921—1922	物理	光的电磁理论	5	肯布尔	须修习过物理光学、电磁学、微积分	A
	物理	量子理论及其应用	16a	肯布尔	须修习过量子辐射理论和数学系的动力学	A
	物理	电子理论与相对论	10	布里奇曼	须修习过电学与磁学的数学理论	A
	物理	研究课-高压现象	20g	布里奇曼		A
	数学	势函数理论与拉普拉斯方程	10a	凯洛格		B

资料来源：根据哈佛大学档案馆保存的物理系档案整理。

对于这张修习课程及成绩一览表，我们有如下感受。

第一，叶企孙注重从名师修业。布里奇曼是诺贝尔奖得主，是那个时期美国物理学家中物理素养和哲学素养最高的学者之一。他常年潜心于实验研究，不厌其烦地在高压条件下对所能获得的各种材料进行各种物理性能的测试，取得了很多重要的发现。他培养了一大批美国知名物理学家，徒子徒孙中产生了众多的诺贝尔奖得主（图1）。

肯布尔于1917年获得博士学位，是美国的第一位理论物理博士，也是美国理论物理的奠基性人物，对哈佛大学物理系建成美国物理学研究中心做出了重要贡献；威廉·佛格·奥斯古德（William Fogg Osgood，1864—1943）当时是哈佛大学数学系主任，他改变了哈佛大学数学系忽视研究的局面，在系里形成了很强的研究氛围，对美国数学研究水平的提升贡献极大。丘成桐曾与合作者出版《哈佛大学数学系150年历史（1825—1975）》[*A History in Sum：150 Years of Mathematics at Harvard（1825—1975）*]一书，回顾了该系从三流学系到世界中心的变化历程，对奥斯古德的工作有详细的介绍①。肯布尔和奥斯古德分别是美国在物理学与数学领域追赶国际水平的标志性人物。从名师修业对提高叶企孙的学术自信心、建立心中的学术标准、拓展学术视野应当是有极大帮助的。

第二，叶企孙在量子物理和相对论物理课程学习上都取得了好的成绩，打下了扎实的理论基础，这一点是我们以前的研究所没有注意到的。这说明叶企孙非常了解新兴的量子力学和相对论，他回国后主持清华大学物理系，强调基础课，强调物理实验，反对设立"高调及虚空"的理论课程，不鼓励单纯地开展理论研究。这并不是他对理论物理了解得不多，而是深刻思考中国物理学基础建设后所做的选择，这样做对保证中国物理学研究在从无到有变化过程中能够健康发展起到了关键作用。由于肯布尔是第一个在美国大学开设量子物理课程的教师，所以叶企孙应该是第一个接受现代理论物理教育的留美中国学生。叶企孙之所以后来成为对中国物理学事业发展贡献最大的物理学家，除他的人格魅力外，与他良好的物理学基础和理论修养不无关系。

---

① Nadis S, Yau S T. A History in Sum：150 Years of Mathematics at Harvard（1825—1975）. Cambridge：Harvard University Press，2013：32-55；丘成桐. 从三流学系到世界中心. 光明日报，2014-01-24：12.

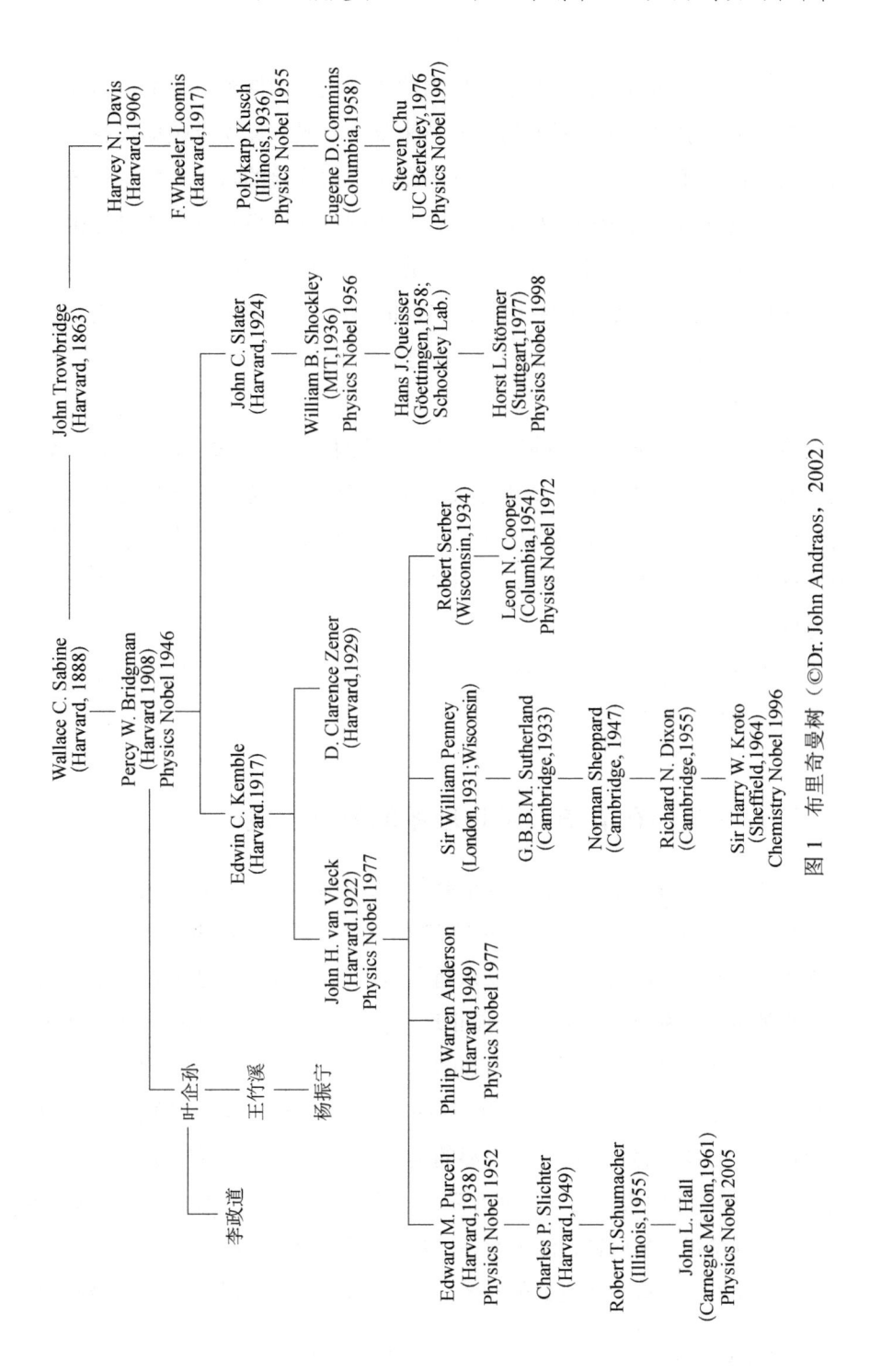

如何从一般走向一流——叶企孙在清华物理系的教育实践评析 | 75

图1 布里奇曼树（©Dr. John Andraos, 2002）

第三，叶企孙为什么没有像他周围的年轻人（如斯莱特、范扶累克）一样，在量子力学创立和发展的历史机遇来临的时候，义无反顾地投身其中？从个人志趣爱好上看，他应该更喜欢脚踏实地做实验的哈佛大学老传统，这与他一生秉持的务实精神是相契合的；从中国物理学事业发展的责任担当上说，在起步阶段，从基础实验物理着手是最符合国情的选择。

第四，关于叶企孙与威廉·杜安（William Duane）教授合作进行普朗克常数的精确测定这项工作的背景，以前我们知之不详，实际上，这是叶企孙选修的研究课程的内容。

第五，叶企孙第一学年的研究课程选择跟随杜安进行 X 射线研究，顺理成章的话，应该跟随杜安做博士论文工作，但他最终选择的导师却是布里奇曼，这是为什么？我们做两点推测：其一，布里奇曼深厚的物理学素养和研究风格更吸引他；其二，为回国后的学科发展需要考虑，避免与胡刚复做同一方向的研究。

获得哈佛大学博士学位回国后，叶企孙已经具备了一个学术事业领导所需要的品质作风和学术修养。

三、叶企孙在清华大学物理系的教育实践

1923 年 8 月 17 日，叶企孙离开哈佛大学所在地波士顿，在美国东部和南部学术机构考察一个多月后，于 9 月 27 日离开美国赴欧洲进行学术考察。他于次年 3 月回到中国后，就任国立东南大学物理系副教授。当时国立东南大学物理系教员有胡刚复（系主任）、熊正理（教授）、郑衍芬（助教）等。叶企孙在国立东南大学开始了"教育工作的初次尝试"，与一批优秀的学生结缘，并对他们的学术生涯产生了重要影响。这些学生有：物理学科的李善邦、何增禄、朱应铣、沙玉彦、赵忠尧，化学学科的吴学周、柳大纲，工科的施汝为、陈宗器等[①]。这批学生中有相当一部分人后来追随叶企孙去了清华大学，如赵忠尧、施汝为、何增禄、朱应铣、沙玉彦等，有些人在叶企孙的引导下走上了适合自己的学术道路，并取得了良好的学术成就，如李善邦、柳大纲等。叶企孙的教

---

① 参见国立东南大学编印的《国立东南大学一览》，1923 年 4 月。

育工作初次尝试即获得如此成果，由此可见他的感召力和影响力。

1925年，国立东南大学发生"易长风波"[①]，教授星散，叶企孙也受聘去了清华学校。

（一）清华大学物理系的组建

1925年，清华学校成立大学部，招收第一班大学生，教务长梅贻琦推选叶企孙担任第一任系主任。物理系成立之初，教员力量十分薄弱，只有叶企孙（副教授）、郑衍芬（讲师）两位教员和赵忠尧、施汝为、沙玉彦三位助教，1927年助教队伍中增加了何增禄。当时清华学校在组织人事制度和教学管理诸方面都存在不少问题，一些留学回归的年轻教授对此深为不满，投书社会，抨击清华学校的种种弊端。叶企孙的同乡、同学和好友——法学家钱端升就曾发表文章，历数清华学校六大弊病：靡费；机关太多，叠床架屋，人浮于事；组织混乱；校长专权，教员地位低于职员，难以聘到良好学者；对美籍教员缺乏严格的任用标准，以致滥竽充数者为数颇多；学科设置混乱。[②]

叶企孙面对清华的乱象及其不尽如人意的待遇，一度也曾有离开清华之意，是梅贻琦苦口婆心，用事业和责任把他留了下来[③]。梅贻琦对清华大学的这个贡献也是值得铭记的。

叶企孙任系主任后，立即着手组织队伍，曾先后向评议会建议聘请颜任光、温毓庆、余青松、桂质廷为物理系教授[④]，难能可贵的是，为他们拟的工资都比自己的高。由于当时的清华学校还不是一所正规的大学，学术地位实在不高，学校未来发展前景也不明朗，因此吸引力并不大，这几位先生都婉拒了叶企孙的聘约。

困难时期，叶企孙把自己一个人当作一个教学团队使用，忙着教各种物理必修课，后来他也曾开玩笑地说，物理系什么课都敢教了。这种情形与美

---

① 储朝晖. 民国时期党化教育的牺牲者郭秉文与东南大学. 华中师范大学学报（人文社会科学版），2012，51（6）：159-170.
② 钱端升. 清华学校. 清华周刊，1925，24（13）：35-42.
③ 清华学校第一届评议会第八次会议记录//清华大学档案. 全宗号1，目录号2-1，案卷号：6：1. 北京：清华大学档案馆，1926.
④ 胡升华. 20世纪上半叶中国物理学史. 合肥：中国科学技术大学，1998：61-62.

国早期的学院也有几分相似。

1928年8月17日，国民政府决议改清华学校为国立清华大学，为清华大学的发展创造了条件。借助"北伐"的余威，罗家伦顺利地接管了清华大学。他在担任校长的两年间，在教师队伍的建设上，与叶企孙、陈岱孙等少壮派教授合作良好，组织了一个由校长挂帅、各院院长参加的"教师聘任委员会"，严格按照学问、学历、工作成果等标准选聘教师①。一年内，先后聘到翁文灏、冯友兰、杨振声、吴有训、萨本栋、黄子通、陈桢、葛利普、浦薛凤、王化成、吴韫珍等著名学者。从1928年起，清华大学物理学领域陆续聘到吴有训、萨本栋、周培源、赵忠尧、任之恭和霍秉权等知名教授，短短几年间，清华大学物理系的教师力量空前壮大。到20世纪30年代初，清华大学物理系已成为全国闻名的学术中心之一，也是中国物理事业最重要的阵地②。

（二）叶企孙的教育思想与教学方针

1. 学术研究是大学的灵魂

叶企孙非常熟悉杰弗逊物理实验室的研究氛围，他显然对此非常重视，清华大学物理学建系伊始，就刻意营造学术研究的风气。他明确指出："大学的灵魂在研究学术，教学生不过是一部分的事。物理系的目的就重在研究方面，所以我们请教授时，必拣选研究上已有成绩，并且能够继续研究的人；是否有教书经验，还是第二个问题。所以我们希望系中的教员个个能够做些研究。"③叶企孙本人对研究工作也亲力亲为，他在国立东南大学任教时就曾拟定研究课题"强磁场下张力对铁、钴、镍磁导率的影响"，与他博士论文的研究课题——"流态静压力对铁、钴和镍的磁导率的影响"有密切的关联；到清华大学后又率先开展研究工作，1926年带领赵忠尧开展建筑声学方面的实验研究，并想方设法地为物理系学生设计研究课题，和学生一起进行研究。

对于在教师团队中营造学术风气的作用，吴有训曾经有深刻的阐述：一群人努力工作的"紧张空气，似乎逼着人不得不感到学术的兴趣和工作的决心……工作风气的建立，不是一朝一夕的事，也不是依靠空学就可以达到，

---

① 陈岱孙访谈. 1987年9月19日下午，地点：北京大学镜春园陈岱孙寓中。
② 胡升华. 20世纪上半叶中国物理学史. 合肥：中国科学技术大学，1998：62.
③ 叶企孙. 清华物理学系发展之计划. 清华周刊，1927，27（11）：537-540.

而是由实地的工作所换来。一个学科造成了此种风气，不但可给专门该科的后进许多鼓励，同时也自然地影响到他科的学者。国内最近学术的进展，我觉着受互相鼓励的恩赐不少"①。

2. 强调教学内容的时代性、先进性

大学教师必须要用最新的科研成果充实教案，保持授课内容的时代性、先进性，这是叶企孙一直坚持的原则。对此，他的两位门生钱伟长、钱三强都有过亲身体验和生动记述②。比如，据钱伟长回忆，1939年他曾替叶企孙讲授二年级热力学课，接过叶企孙的授课笔记，钱伟长大吃一惊，老师讲授的热力学实例已经从过去的气体状态问题，转向了新近蓬勃发展的金属热力学问题，大量引用了金属学现刊的资料。直到晚年，叶企孙都一直坚持这个原则，他追踪学科前沿研究文献的习惯保持了一辈子。胡伟敏是叶企孙指导的最后一位研究生，1964年叶企孙曾在北京大学为她一个人讲授"铁磁学"。即便如此，叶企孙还是毫不含糊地坚持原则，授课内容包含大量的近期学术期刊论文和学术会议论文。胡伟敏1964年的听课笔记中所记录的最近的文献是上一年（1963年）的国际会议论文。一个有意思的联系是，叶企孙的老师布里奇曼和肯布尔当年就是这么做的。据叶企孙的同班同学斯莱特回忆，当时电磁学理论和热力学课程没有很好的课本，布里奇曼与肯布尔教授往往根据备课笔记授课，斯莱特认为笔记比当时现成的课本好得多③。

3. 物理学离不开实验

叶企孙在《初等物理实验》的"编者自序"中写道："自然科学以实验为基础。学生在中学时代即应对于实验方面得一良好之初步训练，倘徒恃课本，则既不能引起学生对于科学之兴趣，又不能使学生对于基本观念得一真切之了解；与其徒设此科，实不如暂缺之为愈。"④同样的观点，叶企孙在不同的

---

① 吴有训. 学术独立工作与留学考试. 独立评论, 1935, (151): 34-37.

② 钱伟长. 怀念我的老师叶企孙教授//钱伟长. 一代师表叶企孙. 2版. 上海：上海科学技术出版社, 2013：11；唐立寅. 叶企孙老师在我们心中//钱伟长. 一代师表叶企孙. 2版. 上海：上海科学技术出版社, 2013：102.

③ Interview of John Clarke Slater by Thomas S. Kuhn and John H. van Vleck on 1963 October 3, Niels Bohr Library & Archives, American Institute of Physics, College Park, MD USA[EB/OL][2021-02-06]. https://www.aip.org/history-programs/niels-bohr-library/oral-histories/4892-1,2.

④ 叶铭汉, 戴念祖, 李艳平. 叶企孙文存（增订本）. 北京：科学出版社, 2018：491.

场合都表述过。为了提高考生的质量，叶企孙从中学实验教学抓起，1929年出版了《初等物理实验》一书，设计了40个利用简单设施就能完成的物理实验。该书与1886年哈佛大学出版的《哈佛基础物理实验40例》（*Harvard Descriptive List of Elementary Physical Experiments*）的主旨完全一致。由于哈佛大学坚持把实验纳入入学考试，《哈佛基础物理实验40例》后来风行全美，改造了美国的中学物理教学[1]。而叶企孙的《初等物理实验》则没有发挥出这种作用，这是值得我们进一步探讨的一个案例。

4. 重视基础课和基本功

叶企孙明确宣布，"在教课方面，本系只授学生以基本智识"[2]，"本系自最浅至最深之课程，均注重于解决问题及实验工作，力矫现时高调及虚空之弊"[3]。这一点与哈佛大学物理系以选修课为主导的模式是不同的，这反映了叶企孙并不完全照搬哈佛大学经验，而是根据中国的实际情况，重视规范的物理基础教育，避免产生好高骛远、脱离实际的学风。

民国初年教育部公布的《大学规程》将理论物理与实验物理割裂开来，分成两个学门，由于当时实验条件付之阙如，实验物理学门一时无法办成，只能先办理论物理学门。这种安排客观上为空谈理论的物理学教学开了方便之门，使民国后头10年成为大学物理教学的一个"空谈时期"。教者只是糊涂地教，学者只是糊涂地听，均在似懂非懂的微妙境地[4]。叶企孙主张物理系课程不搞烦琐主义，针对当时我国大学物理功课"科目过于繁多，教材有时流于空泛"的弊端，1933年在教育部主持召开的天文数学物理讨论会上，叶企孙和吴有训联合几位知名物理学家提出了"拟定大学物理课程最低标准"的议案，力求将课程简单化、基本化、实在化[5]，促进了大学物理学教育的健康发展。

---

[1] Moyer A E. Edwin Hall and the emergence of the laboratory in teaching physics. The Physics Teacher, 1976, 14（2）：96-103.

[2] 叶企孙. 物理学系概况. 清华周刊, 1934, 41（13-14）：34.

[3] 叶企孙. 清华物理学系发展之计划. 清华周刊, 1927, 27（11）：537-540.

[4] 吴有训. 理学院//江西省政协文史资料研究委员会, 高安县政协文史资料研究委员会. 江西文史资料选辑（第36辑）. 北京：中国文史出版社, 1999：214.

[5] 教育部. 教育部天文数学物理讨论会专刊. 南京：国立编译馆, 1933：155.

5. 因材施教，培养学术带头人

通过因材施教，培养学术带头人，把学术使命感和民族责任感落到实处。这方面最典型的案例就是配合中美"庚款"留学考试，让合适的人才进入国家需要的各个学科领域，造就学科带头人，把清华大学物理系的办学实践提升到国家战略的高度。中国物理学及其相关学科的多位学术带头人的成长都得益于这种战略的实施，如龚祖同（应用光学）、顾功叙（应用地球物理）、蔡全涛（真空管制造）、吴学蔺（钢铁金属学）、熊鸾翥（弹道学）、王竹溪（理论流体学）、赵九章（高空气象学）、钱学森（航空）、张宗燧（天文）、王遵明（金属学）、马大猷（电声学）、王兆振（实用无线电）等，还有我国地震学的先驱李善邦、秦馨菱等。这种领军人才井喷现象是以叶企孙为代表的老一辈学术领导者的学术视野与号召力、学生的责任感与使命感，以及历史机遇共同作用的结果。

叶企孙通过茶会、课堂提问、个别交流等方式，与学生建立起密切的关系，对学生学业能力、个性、禀赋的充分了解是因材施教、准确引导的基础。

经过叶企孙、吴有训等人的苦心经营，清华大学物理系在不到10年的时间内由一个名不见经传的小机构发展成为国内最好的物理教学与研究机构，创造了中国学术史和教育史上的一个奇迹。抗战全面爆发前的七八年间，中国物理学研究和教育工作发展迅速，随着中国物理学会的成立、《清华理科报告》《中国物理学报》等的创刊，以及一批大学物理系的创办，中国物理学的建制化很快成型，中国学者发表的论文总数和基于国内研究的论文数双双快速增长[①]。叶企孙、吴有训等人对中国物理学的发展前景显得信心满满，吴有训甚至认为，中国学生在国内就能学到最好的物理、做高深的科研工作，非留学不可的认识已经过时："有些人说因为国内无人做高深的研究，必须请外国学者来提高我们的程度，这是不明了中国学术界情形的议论，也是外行的议论。"[②]叶企孙也曾自豪地说："数年来国内物理学之渐臻于隆盛，实与本系

[①] 胡升华，潘永祥. 中国近代早期物理学研究工作的一次总结——卢鹤绂教授1936年学士论文述评. 科学，1993，（4）：24-25.

[②] 吴有训. 学术独立工作与留学考试. 独立评论，1935，（151）：37.

对于青年所施之训育，有密切关系。"[1]中国的物理学如果能够按照叶企孙、吴有训等人设计的路线顺利发展，等到陆学善、王竹溪、钱三强这一代在国内已经奠定了良好的物理学基础的物理学家学成归来，与他们的老师一起开疆拓土，清华大学物理系当有不一样的面貌。如果再与北京大学、燕京大学等学校的人才梯队形成合力，中国物理学事业的发展又会呈现另一番景象。

历史地看，一流大学和一流学科建设是一个接力的过程，在路径正确、思想一贯、措施得当、机遇良好的情况下，往往也需要几代人的努力才能达到目标。比如，哈佛大学物理系从杰弗逊物理实验室建立（1884年）算起，经过了大体上四代物理学家的经营，才逐步走到世界物理学研究队伍的前列。很遗憾，战争与社会动荡没有让清华大学物理系获得稳定的发展机会。

一流大学和一流学科建设也需要稳定的经费支持。1949年前，国内最好的几所大学的物理系中，国立清华大学和北平燕京大学物理系相对而言办学业绩更突出，一个重要的原因是这两所大学能够得到稳定的办学经费的支持。抗战全面爆发前，北京大学物理系也曾有过几次良好的发展机遇，但不稳定的办学经费影响了学校物理系的发展，其他国立大学的情况也类似。

一流大学和一流学科建设更需要稳定的社会环境。抗战全面爆发前，清华大学物理系聚集了一批知名教授，如叶企孙、吴有训、萨本栋、周培源、任之恭、赵忠尧等，也培养出一批优秀的学生，发展势头良好。无奈，先是抗战爆发很大程度上改变了人才培养方针，战时国家的需要成为留学的重要考量因素；政权更迭，国际局势变化，延缓了相当一部分留学生的回国计划，人才队伍建设的良性循环被打破；1952年全国高等学校院系调整更是改变了原定的发展计划，后来重拾一流学科建设计划，损失的时间和机遇是无法挽回的。

---

[1] 叶企孙. 物理学系概况. 清华周刊，1934，41（13-14）：34.

为了忘却的怀念

——回忆晚年的叶企孙[①]

戴念祖

叶企孙是中国物理学界卓越的先辈学者之一，曾先后任清华大学和北京大学物理学教授。除在测定普朗克常数和高压磁学方面贡献优异之外，他的最大成就是培养了中国几代物理学家。出入其门的优秀物理人才之多，不亚于国际上任何一个物理中心或学派。

叶企孙是1954年成立的全国自然科学史委员会副主任委员。在他的积极倡导与建议下，1957年中国自然科学史研究室成立。该研究室成立时隶属于中国科学院哲学社会科学部。1978年哲学社会科学部改组成中国社会科学院，中国自然科学史研究室转入中国科学院，并改名为自然科学史研究所。从自然科学史研究室成立到"文化大革命"初期，叶企孙基本上每周到该室两次，指导该室天文学史和物理学史的研究。无论老幼，研究室的人都称叶企孙为叶老。我是1964年8月到这个研究室从事中国物理学史研究的。当时物理学

[①] 本文作者戴念祖是叶企孙先生亲炙弟子，中国科学院自然科学史研究所研究员。在叶企孙诞辰125周年纪念会筹备阶段，会议举办方邀请戴先生参会。他因故未能到会，但是将他记录自己所目睹的叶企孙晚年情景令人动容的真情回忆文章交给了会务组，本书特收录该文章。此文原发表于《物理》2003年第10期，文后补记写于2012年2月26日，收入本书时内容有所调整。

史和化学史研究人员共 7 人，合成一个研究组，简称"物化史组"。从当年 8 月底到 10 月初下乡"四清"，虽然只有短短一个多月，但叶老给我留下了难以磨灭的记忆。"文化大革命"后期，我又偷偷来到叶老住所，叶老教我物理学史，教我翻译，这一切都成为我终生难忘的回忆。

一、《考工记》里记述了弹性定律

1964 年 9 月的一天，我第一次见到叶老，那天近中午时分，组里一老同志告知："听说叶老下午来。"我对叶老的名声早有所闻，即将见到业务指导老师，兴奋与畏惧两种心情交织在一起。这天中午，稍稍休息一会儿，我就到办公室，擦桌椅，打开水，准备好叶老的座椅和茶杯。为了让自己尽快对科学史有个概念，我当时正在阅读贝尔纳的《历史上的科学》一书。下午二时至三时，叶老来了，他中等个子，略有驼背，手里夹着两本书。我们的研究室是清朝王爷府的一个四合院，有南院、北院和中间房。叶老来到研究室，总是先到中间房的行政领导办公室，三五分钟后，沿东廊步入北院，到数学史研究组探望钱宝琮先生。钱老是中国数学教育界的前辈，早年留学英国伯明翰大学，1912 年回国后历任南开大学和浙江大学数学系教授，在南开大学曾教授吴大猷微积分数学课。20 世纪 30 年代初，钱老开始研究中国数学史。钱老比叶老年长 6 岁，钱老于 1956 年从浙江大学调入北京，进入这个研究室，叶老从中极力推举。叶、钱二位，彼此敬慕，同好科学史。叶老每次来室里，必要去看望钱老。随后，叶老才到北院天文学史组，指导该组研究业务或讲课。

此后，叶老从北院经西廊又回到南院，来到物化史组。他询问我们新来的几个人姓名，要我们各自写下自己的名字，又问我们看什么书。当叶老来到我书桌前，见我桌上摆着两本书，一本是贝尔纳的《历史上的科学》，一本是清朝戴震的《考工记图》，他就给我们讲起了《考工记》。他以略带口吃的声音说："《考工记》这本书要仔细去读，里面讲到弹性定律。当它涉及弓箭制造时，记下了拉力与弓变形的关系。"叶老边说边用手做了一个拉弓箭的动作。

我向叶老汇报了我读《历史上的科学》一书的原因，《考工记》当时还难读懂，因为许多字不认识。叶老听后说道："不认识的字，要查《康熙字典》或东汉许慎的《说文解字》。慢慢地阅读多了，就容易读了。"他随后又问我："以前读过古书吗？"

我回答道："幼年时上过两年私塾，背了《中庸》、《三字经》和《国语》一些篇章，但都忘了。"

"那很好，你以后会想起来的。"他转脸又对物化史组全组人员说，"我们的脑子，脑神经有储藏和取出的功能。经历过的事，很久很久以后，又突然会在脑中出现。这个生理问题很有意思，我们都有这样的经历。"

此时，我感到叶老非常亲近，就像自己的长辈一样。第一次见面和谈话给我留下了深刻印象。直到20世纪70年代后期到80年代，每当我拿起《考工记》时，总会想起叶老曾经讲过的其中有弹性定律一说。这个说法记在《考工记》什么地方？《考工记》如何表述这一定律？直到1987年，长沙国防科技大学的老亮先生在《力学与实践》上发表《我国古代早就有了关于力和变形成正比关系的记载》一文时，我才恍然大悟。原来，我读的是戴震《考工记图》本，而不是《十三经》注疏《周礼》本。有关中国古代弹性定律之说是记述在《周礼·考工记》内细小而又密密麻麻的历代注疏文字中的。后来，老亮又编著《中国古代材料力学史》（1991年）一书，该书将中国人发现的弹性定律作为重点之一叙述。我作为曾经聆听过叶老讲话的人，却未曾写出这样的文章，为此感到十分内疚，同时又为老亮的研究成果感到由衷高兴。在叶老有关讲话之后近1/4世纪，老亮先生完成了叶老遗愿。老亮的著作后来获得国防科技界的研究成果奖励。

二、"下乡带本小词典"

1964年国庆节前，研究室全体人员奉命于国庆节后下乡"四清"。

上午听动员报告。关于"四清"的形势、阶级矛盾等讲话内容，我都忘记了，只记得以下一些内容：知识分子下乡改造思想，与贫下中农结合，拿到贫下中农发给的合格证书，才能回北京。

下午三时左右，叶老照例从北京大学来到我们研究室。我们七嘴八舌地向叶老汇报，要去下乡"四清"，要改造自己，等等。但这一次，叶老只是默默地听我们讲，没有多说话，更没有和我们讨论科学史的问题。临走前，他将我们几个新来的年轻人叫到一间空办公室，心事重重地给我们说了几句话，但口吃之语气却比平常严重得多："下、下乡，四……四清，你们听、听领导的。业务、暂、暂时搁……搁下，以后，回、回来，我……我给你们补、补。但是，你、你们不、不妨带上一……本小、小词典，外……外语，不、不要丢、丢了，有空、空时，拣、拣几……几个单词。啊！"

说完这些话，叶老就回北京大学了。这一别，9年之后才再次相见于叶老住宅。

我们听了叶老的临行嘱咐，心里有说不出的滋味。唯叶老为我们研究业务着想，他当时可能也感到一场风暴来临前的异常，或者为这些年轻人成才、为学科建设而忧虑。

我确实照叶老吩咐，下乡前在自己衣箱角落里塞上了一本小词典。但是，"四清"一年，"劳动实习"一年，到1966年5月回京时，这本词典从未动过。不是不听叶老的话，而是迫于当时的情况的无奈之举。

三、斗室译书犹有乐

我再见到叶老时，已是1973年夏天。

不知从哪里传来消息说："叶老出狱了。"我与陈美东商量说："我们应当去看看叶老。"于是，我俩骑着自行车，到了北京大学物理楼前，在楼门口石阶上坐了好久，见到有人往物理楼走来，我们就向他打听叶老的住处。终于有人轻声告诉我们，叶老住在马路对面，即中关园1公寓某室。我们喜出望外地朝那儿奔去。

当我们走到叶老住所时，见门是虚掩着的。叶老面对房门坐在一张破旧藤椅上，对于我们的来访颇感几分惊讶。经过一番自我介绍之后，叶老才想起我们这些年轻人。他让工友老周为我们沏茶，他自己慢慢地从藤椅上吃力地站起来，挪动着双腿，走到书桌前，缓缓地坐下去之后，才又与我们交谈起来。

叶老问我们怎么来的，问起研究室的情况，又问到天文史与物理学史的研究人员。虽然他已经记不起一些人的名字，但还能说出他们的样貌或地方口音。我们很惊讶于他的记忆力。至于他自己的身体，他淡淡地告诉我们久坐导致腿肿和小便不畅。他说这是老年病，但是养一养会好起来的。他让我们告诉室里同事，不要牵挂他。

时及下午五时，我们告辞叶老。"呵，呵，你们还、还要回、回城，下、下次再来吧。"叶老说。我看到叶老的眼神，是一种说不出的眼神，是企盼我们再来说话？工友老周送我们出门，到楼梯口，老周说："今天叶先生很高兴你们来。有时间你们就再来吧。"

从此以后，我就经常找机会去看望叶老。不久，我和叶老似乎都习惯了见面，叶老要我每周去两次。倘若哪天下午没去成，据老周说，叶老会心神不安，常看着座钟，念叨着几点了，怎么还没来。

有一天，我告诉叶老，我在东安市场旧书店买到一本俄文版的《物理学史》，于是叶老就讲起，他之前常去这家旧书店买书，还教我如何从杂乱的书堆中发现自己需要的书。又说，他不知道苏联人写电磁史的内容；有个彼得堡科学院院士，做雷电实验时被电死了，他们的书对此一定会写得很详细。叶老要我在两周之内将这本书中的电磁部分译出给他看。我是个急性子，老师或领导交代的事，必须在计划时间之前完成才会心安。于是，我在一周内就交出了译稿。后来，叶老在我的译稿上做了许多批注，尤其将那些俄文拼写的人名一一标成英文，个别生卒年错误，他也一一改正过来。从此，我们进入译书阶段。

很可惜的是，这份由叶老批改的译稿后来不幸遗失了。叶老看了我的译稿后，就要教我从译书中学习英文。我告诉叶老，我没学过英文。在"五七干校"期间，我曾偷偷地带上林汉达的"英语自学丛书"，学习了二册（全书三册）。那是躲在蚊帐里用俄文方法去拼读和死记的。叶老安慰我说："不要紧，只要能看文献就行了。"

实际上，此时叶老家中的书已经很少了，但他还是保存了亨利·C.金（Herry C. King）的《天文学背景》一书。叶老说普通话有点儿口吃，但念英语却非常流利。我们翻译得很慢，大约两个小时最多译一小段而已。这有一些原因，一是我的英语极差，叶老念出来我听不懂，而我的俄文腔式英语叶老听不懂；二是叶老和我的普通话都有地方口音，双方往往误听对方的一些词句。经过师徒这样的念与笔译之后，叶老也感到很吃劲。于是决定一句英文叶老教我念一遍，然后叶老自己琢磨着写成中文，我再带着原书回家，对照叶老的翻译整理成文。我们大概翻译了这本书的一章（图1和图2）。

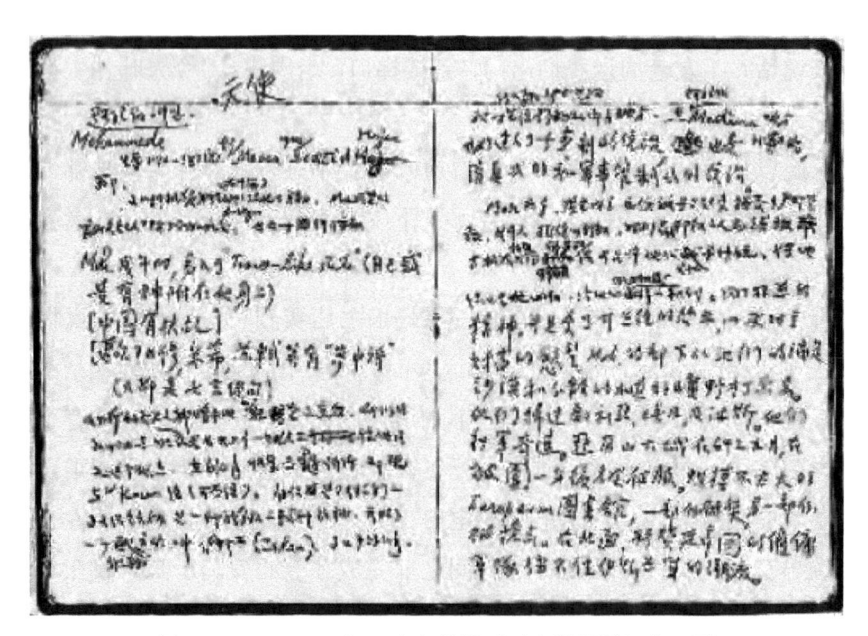

图1　1973—1974年，叶老教译《天文学背景》之一页

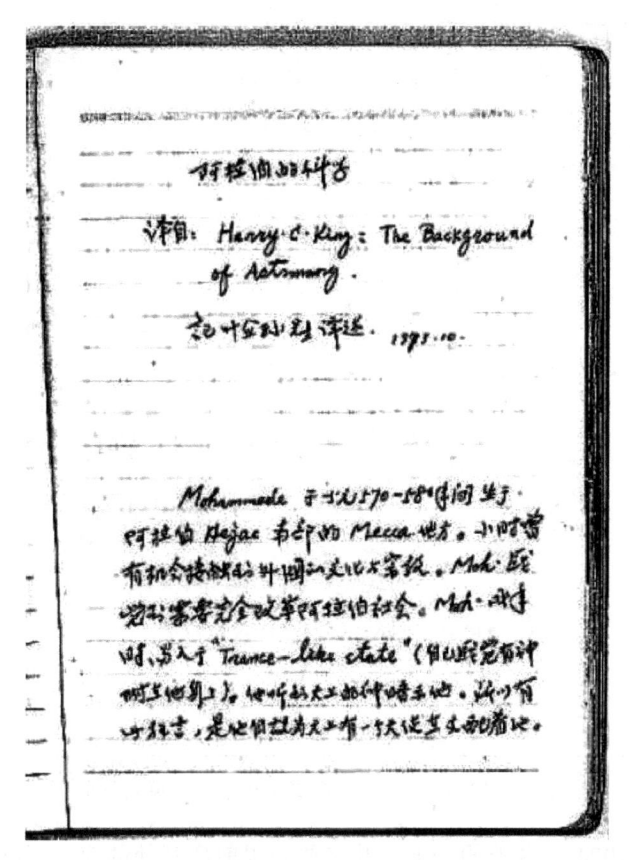

图 2 《天文学背景》的译文整理之一页

除译书之外，叶老还给我介绍了几本较好的英文物理学史著作，包括卡乔里（Cajori）的《物理学史》和马克斯·冯·劳厄（Max von Laue）的《物理学史》。前者详尽，后者极简要。在他的指引下，我在学习英语的过程中将这两本书翻译成了中文。"文化大革命"结束后，请范岱年先生校对了这两部译稿，并先后出版了。

在翻译之余，叶老也常给我们讲一些科学史上的事件（图 3）。当他讲完一个科学史事实之后，总要去书架前拿书，要我查验他的话是否对。我看到这位慈祥和蔼的老人艰难地从破旧藤椅上站起，看着他肿胀的双腿挪动的痛苦情景，我便要求叶老让我来拿书。他以略带口吃的上海口音回答："你、你坐着，不要着……着急，我要活……活动的。"

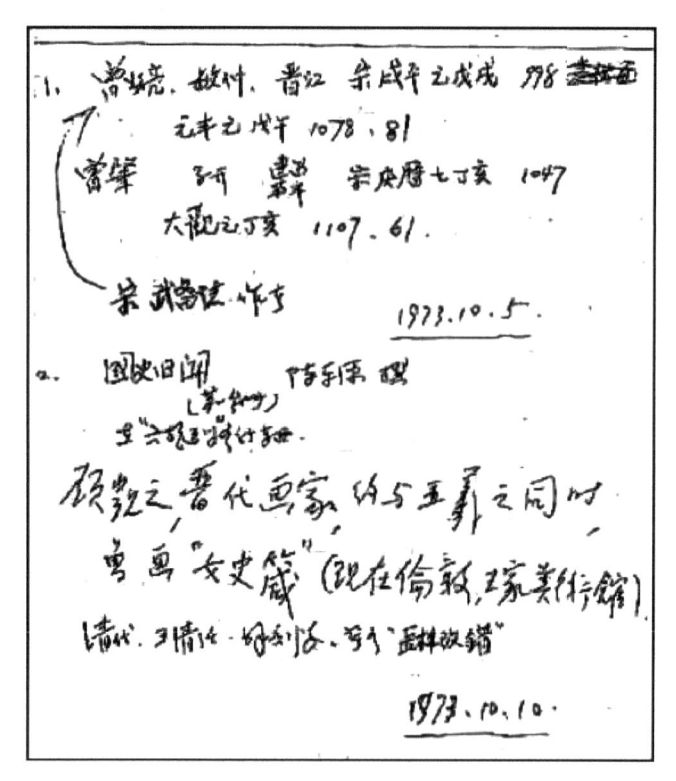

图 3　1973 年 10 月，叶老讲科学史记录之一页

大概是 1974 年春天的一天，叶老要我提前离开他的家，让我去清华大学看看钱伟长先生。他说："钱伟长先生，不知道怎么样，你去看看。"叶老培养了很多学生，他们后来又都是知名学者。叶老在给我讲到他们的名字时，总是很尊敬地称他们为先生。有一次，他很高兴地说："前两天，王竹溪先生来看我了。"照叶老吩咐，我去看望钱伟长先生，当时钱先生不在家，钱师母听我说明来意后，似有些惊诧。我也就告辞回城了。

最少有两次，叶老说："等春暖了，我们去颐和园。我已经多年没去了。"我不无担心地想，叶老的腿能行吗？他大概看出我的担忧，说："不要紧的。我去找周培源先生，他有车子的，借他的车子用一用。"

直到今天，我还在想叶老的这些话。或许他真的想去公园走走、坐坐，他多么盼望春天呀！或许这是一种习惯，他总是约一些学生去公园走走、聊聊。

1974年和1975年春节,我都是在大年初二下午出城给叶老拜年的。印象最深刻的是1975年春节,我偕夫人和四岁的女儿一起去给叶老拜年。在东安市场果品部,我给叶老买了一包上海出产的切片糕,这是一种米制薄切片糕点,不太甜,在南方也有称之为"寿糕"的。我想叶老是上海人,会喜欢吃这种糕点的。我买它作为贺年礼送给叶老,是因为包装上印有一行字"我们的朋友遍天下"。果真,叶老说他小时候很喜欢吃这种东西。想不到,叶老也特地为我准备了"大前门"香烟,还买了巧克力糖,装满一个方桶形的饼干盒。现在的读者也许不知道那个年月的副食状况,我平常只能抽8分钱一包的简装"战斗"牌香烟,"大前门"香烟是要用烟票或者高价才能买到的,尤其是在春节前后。对我而言,抽上"大前门",真是知我者叶老!叶老对我女儿说,你自己手伸进饼干盒里去拿巧克力,能拿多少都是你的。我的女儿第一次见到这么多巧克力,惊喜地将手伸进饼干盒中,抓出了三块。女儿望着我们笑,我和夫人要女儿谢谢叶爷爷。于是,她两手扒在叶老膝盖上,叫声"爷爷"。这时,我们和老周都看到叶老脸上浮现出了甜甜的笑容。那可能是他近十年没有过的发自内心的笑。至今,我都后悔当初没有照相机,将这一老一小的笑容拍摄下来。

然而,这样的轻松时刻并不多。1975年夏天后,因担心牵连到叶老,我再也不敢去叶老家了。没料到,我就这样和叶老永别了。

四、《明史》

海瑞(1514—1587)是明朝官员,他为人刚直不阿,自号刚峰。在世宗朝,官至户部主事。因建言世宗迷信道教、不理朝政而被入狱。穆宗登基,大赦天下,方得释放并重被朝廷起用,官应天府等十府巡抚。十府之官宦畏其威者,自动挂印免职;闻其至者之豪富,速将朱门改成黑色;中人监织造者,也减其车轿出行。他锐意改革,力摧豪强,抚贫弱。其后受丞相张居正排斥,闲居16年。神宗朝又再起,官至南京右都御史,力主严惩贪污,平反冤狱。其卒后,民间多有传说,赞其美德,甚而据其判案等事例编成戏文传颂。这是历史上的海瑞。历史学家吴晗所撰写的《海瑞罢官》,正是据此而撰写的历史剧本。

"文化大革命"期间，有人借此进行政治影射，在人们的思想中，真假难分，是非难辨。

听到中央的广播、北京大学的广播，叶老糊涂了。平时喜欢文史的叶老一时也不能辨别史实真伪。"海瑞，你怎么了？"这个问题大概一直藏在叶老心中。待其坐牢服刑之后，又待到1974年初，中华书局终于出版了标点本二十四史中的《明史》。叶老立即让其侄子叶铭汉先生购买（当时叶老所读的书都是由叶铭汉从图书馆借出或在市场上购买的），一字一句地读起了《明史·海瑞传》，以及《明史》的《世宗本纪》《穆宗本纪》《神宗本纪》。他想在此了解海瑞，认识海瑞，欲以解开他心中多年的"海瑞"之谜。叶老在《明史》中找到了什么答案，我们不得而知。

有一段时间，我见到叶老座椅旁总是放着《明史》。有一天，他对我讲起了儒家礼仪。大致是：从前上学，学生们都要跪拜孔子，甚至到孔庙举行跪拜大礼。明代，有人认为不应当如此。学堂、学校或者教室是老师教学生的课堂，在这里见老师，不应该跪拜，而是作个长揖就可以了。当时我不解叶老之意，也以为这是新鲜事。因为在我记忆中，诸如跪拜孔子像，老师站在像旁，在我年幼入私塾的第一天，正是如此举行入学礼的。

叶老逝世后，他留下的《明史》和其他一些书送给自然科学史研究室珍藏。我曾借出《明史》，凡叶老留下笔迹之处，我也读了一遍。原来，叶老当年讲的礼仪之事，正是在《明史·海瑞传》中。文中写道："御史诣学宫，属吏咸伏谒，瑞独长揖，曰：'台谒当以属礼。此堂，师长教士地，不当屈。'"在这文句旁，除标点之外，叶老还画了三个圈。我还影印了叶老批注最多的几页（图4）。20世纪80年代初，复印机的影印质量极差，当时我还想，以后有机会，再借阅此书。近月，为写此文，我想再借阅叶老读过的《明史》，但该书已无踪迹。我当初影印的几页仅成为叶老晚年罕见笔迹。我清楚地记得叶老当年一手拿书、一手握着大约只有5厘米长的铅笔头在阅读和批注这些历史典籍的情景。

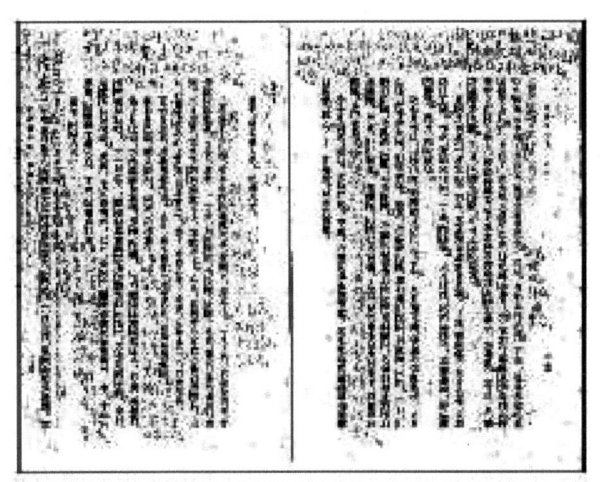

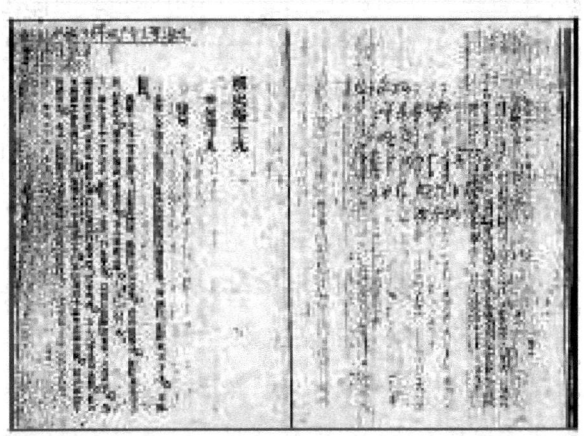

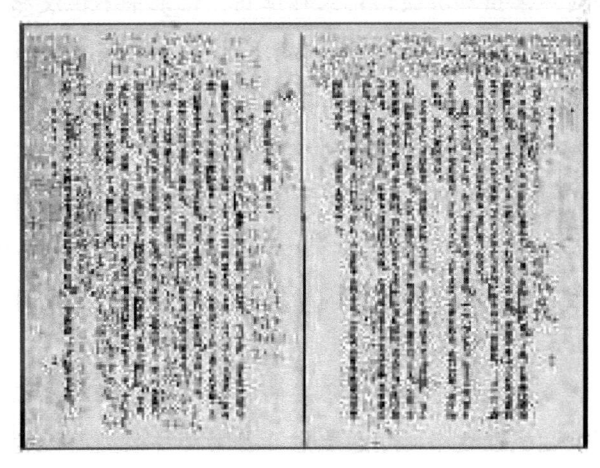

图 4　叶企孙读《明史》并批注之三页（影印件）

《明史·海瑞传》中有这样一段文字描述海瑞卒时之境况：

"瑞无子。卒时，佥都御史王用汲入视，葛帏敝籝，有寒士所不堪者。因泣下，醵金为敛。小民罢市。丧出江上，白衣冠送者夹岸，酹而哭者百里不绝。"

据悉，叶老卒时，其"葛帏敝籝"，亦令其弟子们所不堪。然而，他的精神，当百世不绝。

五、有口难辩的伽利略

叶老于1958年曾经写过纪念托里拆利（Torricelli）的论文。有一次，我们谈起了真空与大气压发现的相关历史，由此，又引发出关于伽利略及其有关发现的话题。在谈话中，我脱口而问："伽利略受审判的原因可能还是个谜？"

面对这位与伽利略身受相同痛苦的老人，我即刻感到自己说话太唐突了。然而，叶老是以学术态度对待我的提问。据我现在的回忆，叶老讲道：

伽利略受审判主要是因为宣传了哥白尼学说。有一个主教，也是他的庇护人之一（即主教贝拉明）曾在这之前召见他，并警告他不要宣传这个"邪说"，但可以作为纯数学假设去讨论。这是一次友情谈话，不会形成任何文件。可是，当伽利略受审时，伽利略说明自己受到特许，可以讨论哥白尼学说。当时的法庭却拿出那次谈话记录作证明，记录中不仅没有这种特许，而且还有文字："若有违犯，将受宗教法庭惩罚。"伽利略当时被宗教法庭羞辱为说假话。这样，他就不如自己承认"宣传哥白尼学说有罪"。200年以后，历史学家发现，那份"记录"是伪造的。伽利略有口难辩。

叶老颇为口吃地讲述着伽利略的历史，而我的脑海里却不时地在问自己，面前这位老人是否也在伪造的证据前受尽羞辱？他的遭遇不正是伽利略的覆辙吗？多少年以后，我在阅读爱因斯坦纪念开普勒的文章时发现了这样一段文字：

在像我们这个令人焦虑和动荡不定的时代，难以在人性中和在人类事务的进程中找到乐趣，在这个时候想起像开普勒那样高尚而淳朴的人物，就特别感到欣慰。

叶老在讲述伽利略被无端羞辱和审判时，是否也是这种心情？

这次谈话，促使我将伽利略的忏悔书和宗教裁判所的判决书翻译出来。由于我的宗教知识太浅薄，粗译后又请俄文翻译家戈宝权、知名宗教学者赵复三等从俄文、英文两方面作校对。但是我始终未将译稿送给叶老看，唯恐会刺激叶老而影响其健康。直到1984年，这译稿才刊发于《物理学史》杂志上。

在1974年初的交谈中，叶老还曾说过，要给我讲乐律学。但是后来没兑现，他让我去请教杨荫浏先生。

1974年底，我对历史上的北极光记载感兴趣，但对于古代混乱的北极光名称难于把握。有一次，我问叶老：古籍记载，夜半"天开眼"于西北，可否判定为北极光？叶老回答："上海人有'天开眼'一说。我父亲在我小时候告诉我，他年轻时曾亲眼见'天开眼'的北极光的光象。"后来，我真在中国科学院图书馆找到了类似眼睛形象的北极光当代摄影，它是光冕型或光弧、光带型极光。叶老告诉我，这个研究工作有意义。在叶老鼓舞下，1975年10月《科学通报》发表了拙文《我国古代的极光记载和它的科学价值》。三个月后，《新科学家》(*New Scientists*)对此文做出了专题评论，肯定拙文从北极光的历史记载中得出的地磁轴历史漂移的结论与考古地磁结论一致。

六、中国古代物理学史之有无问题

中国古代有无物理学史？经常有人向我提出这个问题。提问往往涉及叶老："叶老生前说过，中国古代没有物理学史。"于是，20世纪80年代编纂《中国大百科全书》时，就拟定"中国古代物理学知识"词条，而不是"中国古代物理学史"词条。对于这样的提问，我如实回答：叶老生从未和我谈过此类问题。

据说20世纪60年代初，有人曾给叶老呈送一份中国古代物理学史写作提纲，是写在一张似烟盒纸大小的纸上的。叶老对此人很不以为意。前几年，在中国科学院自然科学史研究所清理出的大堆资料"废品"中，我偶然捡到一份1964年6月25日油印的《科学史研究动态》。其中，为首一篇就是《叶

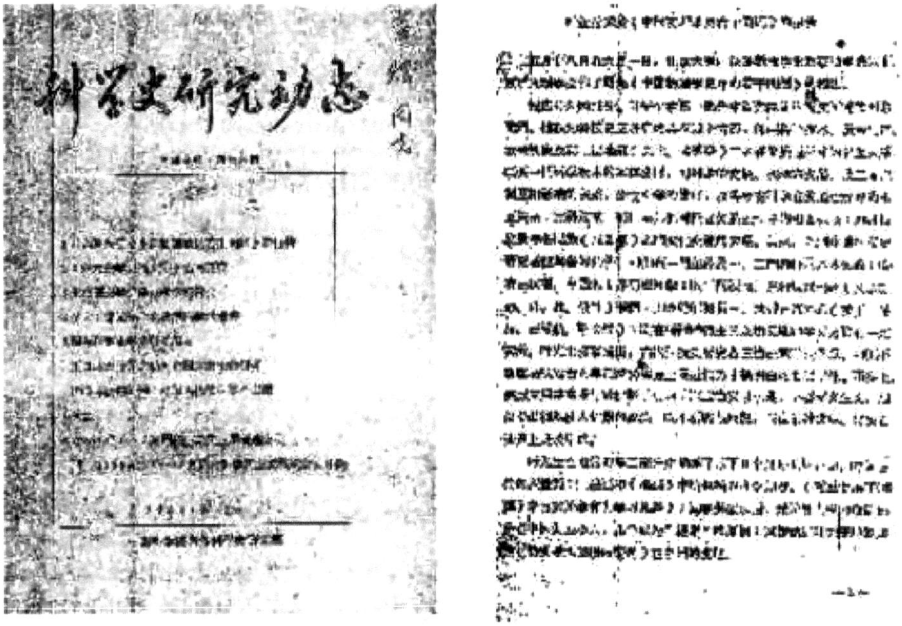

图 5　叶企孙关于中国物理学史报告的通信

企孙关于〈中国物理学史若干问题〉的报告》（图5）。叶老于当年5月18日和6月1日曾在北京石油学院为北京市物理学会做了两次有关报告。他在报告中，既讲了研究科学史的方法，也阐述了当时已成定论的一些中国古代物理学知识，如度量衡、《墨经》光学、罗盘和磁偏角等。从这个报告题目及其有关内容的报道来看，至少叶老当时未曾断论"无"，而是要后人去认真发掘研究。叶老在学术上的谨慎之举，也可以此为例。

七、补记

该文刊发后，引来许多人士对叶老的回忆，文中虽未直接叙述叶老在特殊岁月的苦难，但文中涉及其点滴生活情景令人思索不已。人们常问：为何有那么多优秀人才出入叶老门下？借此补记再补充一个故事，抑或可释疑也。

1964年，叶老要在自然科学史研究室招收一个天文学史研究生。有三人报考：一人是与叶老共事有年的年轻人，一人是曾工作有年的某大学青年教师，一人是当年刚毕业的大学生。论成绩，三人在伯仲之间，都达到了录取要求。于是，该研究室负责人建议叶老录取前者。因为该考生在1962年已下放到边远地区（广西南宁），为研究室顺利完成当年上级下达的"下放指标"做出了"贡献"。借此次招生之机，将该考生召回研究室，亦是"成人之美"。第二个考生总分最好，理应录取。第三个考生成绩居中，但有一道题，连叶老本人亦未曾想到有如此解法，且答案无误。为此，叶老沉思有日，以为唯第三者可造就也。于是，叶老坚持只录取第三个考生。不出叶老所料，三十余年之后，第三个考生出任中国科学院自然科学史研究所所长，在解密中国古代历法的计算方面取得了举世公认的成绩。他就是陈美东，1964年毕业于武汉测绘学院，是叶老的关门弟子。

从叶企孙先生两位学生身上解读科学精神[1]

刘佩华

当今世界格局动荡，高技术竞争日趋白热化，科技创新的紧迫性前所未有。创新是新科技革命和全球变革的大势所趋，是国家发展的形势所迫。科学领域的重大突破，不断带来全球技术和产业变革。能源革命加快推进，互联网技术广泛应用，制造业形态改变，生物技术开辟新的发展空间，信息技术和人工智能已经进入我们的日常生活当中。

科技创新已成为各国竞争的新赛场，是中华民族伟大复兴的国运所系，党的二十大报告强调："必须坚持科技是第一生产力、人才是第一资源、创新是第一动力，深入实施科教兴国战略、人才强国战略、创新驱动发展战略，开辟发展新领域新赛道，不断塑造发展新动能新优势。"[2]党中央对科技创新驱动发展提出了更高的要求。

祖国的强盛离不开科技发展，经过几代科学家的努力，我们的"两弹一星"研制成功，我们的载人航天写入史册，我们的"蛟龙"号潜入深海，我

---

[1] 本文根据作者在2023年7月16日召开的一流大学与一流教育家暨叶企孙先生诞辰125周年纪念大会上的报告整理而成。在本文写作过程中，葛庭燧院士的家属提供了葛先生的相关资料，钱三强先生的相关内容参考了澎湃新闻的内容，本文还参照了《文明的历程：怀念叶企孙》一书的相关内容。本文作者刘佩华为中国科学院苏州纳米技术与纳米仿生研究所党委书记、副所长、研究员。

[2] 习近平. 高举中国特色社会主义伟大旗帜 为全面建设社会主义现代化国家而团结奋斗——在中国共产党第二十次全国代表大会上的报告. 北京：人民出版社，2022.

们的航母服役尽显国威……在取得这些成就之时，我们不由得想起中国物理学前辈科学家叶企孙先生和他的两位优秀学生代表——钱三强院士和葛庭燧院士。叶先生不仅仅是卓越的科学家、杰出的教育家，更是忠诚的爱国者，在清华大学的教育生涯中，他不仅仅教书授业，还是学生的精神领路人。

下面，就以钱三强院士和葛庭燧院士的事例，展现叶企孙先生把毕生精力与智慧贡献给国家与民族，为后辈科技工作者树立良好典范的一面。

一、"中国原子能之父"钱三强先生

（一）光明中国，让我为你燃烧

钱三强（图1，1913—1992），中国原子能科学事业创始人、中国"两弹一星"元勋、中国科学院院士，是叶企孙先生的学生。1932年毕业于国立北京大学预科，1936年毕业于国立清华大学。1937年9月在叶企孙、严济慈的引荐下到国外深造，走上科学救国的道路，回国后为我国的"两弹一星"事业做出了卓越贡献。

图1　钱三强

钱三强到巴黎大学镭学研究所攻读博士学位，导师是约里奥-居里夫人，并跟随化学师葛勤黛夫人做钋的放射源研究，还在约里奥先生主持的法兰西学院原子核化学研究所学习。1939年，钱三强完成了博士论文《α粒子与质子的碰撞》，1940年获法国国家博士学位。1946年春，钱三强与他的同行合作，经过反复实验，终于发现了铀核的三分裂和四分裂，并于同年荣获法国科学院亨利·德巴微物理学奖。1946年，钱三强升任法国国家科学研究中心研究员、研究导师，并获法兰西荣誉军团军官勋章。

钱三强的父亲钱玄同受章太炎、秋瑾等革命党人的思想影响，竭力主张推翻清朝统治，投入新文化运动。钱三强受父亲影响，从小就接受进步思想的熏陶和教育，埋下了爱国、救国的种子。在清华大学求学期间，受导师叶企孙先生的影响，钱三强更加坚定了科学救国，"学以致用，报效祖国"的信念。

（二）开创中国原子能事业

新中国成立后，面对西方列强的核威胁，中央决定大力发展核能事业，钱三强成为相关规划的制定人和执行者。他全身心地投入原子能事业的开创中，担任中国科学院近代物理研究所副所长、所长（图2），并于1954年加入中国共产党。到1955年，由钱三强担任所长的近代物理研究所已经初具规模，科研人员扩大到150人，形成新中国第一支核物理研究队伍。

图2　钱三强院士（右）在做实验的工作照

（三）身先士卒带领队伍发展核科学

1955年中央决定发展我国核力量，1956年中国在苏联的援助下研制核武器。钱三强带领40多位科学工作者在苏联实习考察，当时刚从美国回国的钱学森与钱三强一同前往。后苏联撕毁协议，拒绝提供原子弹研制的有关资料，撤走了在华的全部专家，钱三强召集数十位海外专家学者回国，并在国内聚集了一大批核科学家（包括他的夫人何泽慧）参与研究，他还将邓稼先等优秀人才推荐到研制核武器的队伍中。

钱三强领导建成了中国第一个重水型原子反应堆和第一台回旋加速器，以及一批重要仪器设备，使中国的堆物理、堆工程技术、核化学、放射生物学、放射性同位素制备、高能加速器技术、受控热核聚变等工作都先后开展起来。他组织联合攻关，使许多关键技术得到及时解决，为第一颗原子弹和氢弹的研制成功做出了贡献。

钱三强认为，在我国对科技人员的要求必须是又红又专。他曾用数学中矢量的概念比喻红与专的关系：矢量中的箭头为前进的方向，代表"红"；箭头长度为专业水平，长度越长表示专业水平越高。中国的科技工作者，必须有爱国、敬业、奉献的精神。

钱三强的一生，是追求科学真理的一生，也是为国家富强、科技发展做出重大贡献的一生。他是中国原子能事业的开拓者和奠基人之一，是中国发展核武器的组织协调者和总设计师，为中国原子能科学事业的创立、发展和"两弹"研制做出了突出贡献。

二、从光谱到金属弛豫谱：金属物理学家葛庭燧先生

葛庭燧（1913—2000），国际滞弹性内耗研究领域创始人之一、中国金属物理创始人、金属物理学家、中国科学院院士，是叶企孙先生的学生，叶企孙也是葛庭燧走向革命的鼎力支持者。葛庭燧出生于农村，在苦难中成长，6岁便开始下田劳作，9岁父亲离世，11岁进蓬莱县城读初中，14岁到北京投考京师大学堂理预科。无论是家庭变故还是社会动荡，都没能阻止他艰苦求学、求知上进的脚步，他反而越挫越勇。其曲折坎坷的人生经历，令人深受启发和鼓舞。

（一）一己融入家国

葛庭燧在清华大学学习期间，在叶企孙先生的引导下，接受先进思想，积极参加爱国学生运动，反对国民党的不抵抗主义。他参加了著名的"一二·九"运动，加入了中国共产党领导的中华民族解放先锋队并任中队长。

他勇敢地走在爱国游行示威队伍的前头,高呼"停止内战,一致对外""打倒日本帝国主义"等口号,与敌人展开了激烈的斗争。经过"一二·九"运动的战斗洗礼,他的思想有了很大升华,他认为救国抗战是每一个有良知的中国人的事,天下兴亡,匹夫有责。1938年,葛庭燧考入燕京大学物理系读研究生,利用燕京大学作掩护,秘密地教抗日游击队做地雷的技术,提供电台等重要通信器材与设施等(图3)。当时葛庭燧参加冀中抗日根据地地下工作的领导就是叶企孙先生。

图3 1939年10月,葛庭燧院士在燕京大学实验室做实验

(二)科学无国界,但科学家有祖国

葛庭燧为推动留美学生回国做了大量工作。他把地下党的信件秘密转达给钱学森先生,还把钱三强先生发给他的"欢迎回国筹划新中国的科学建设"的来信,寄给纽约《留美学生通讯》公开发表,大造归国舆论。他冒着生命危险,在庆祝新中国成立会场高高举起了一面鲜艳的五星红旗,让许多留美同胞第一次看到了祖国的国旗。

（三）创新工作留名青史

1937 年葛庭燧毕业于国立清华大学，1940 年获燕京大学理学硕士学位，1943 年获美国加州大学伯克利分校物理学博士学位。1943 年葛庭燧发明了镓灯；1944 年他在麻省理工学院光谱实验室参与"曼哈顿计划"，为美国成功研制原子弹做出重要贡献；后从事军用雷达研究，为美国成功研制新式雷达立下功劳；1946 年他第一个创制研究"内耗"用的扭摆仪，该装置被国际上命名为"葛氏扭摆"；1947 年他第一次发现了晶粒间界内耗峰（1976 年被国际文献正式命名为"葛氏峰"）。他所领导的研究集体在晶界弛豫、位错阻尼、非线性滞弹性内耗等研究方面取得了众多原创性成果（图 4）。葛庭燧是被写进物理学词典的中国人，在世界金属物理学的发展研究史上留下了浓墨重彩的篇章。葛庭燧于 1989 年获内耗与超声衰减领域的甄纳奖，1994 年获桥口隆吉材料科学奖、何梁何利基金科学与技术进步奖，1999 年获美国矿物、金属和材料学会（TMS）梅尔奖。

图 4　时任中国科学院金属研究所副所长、固体研究所所长的葛庭燧院士（右二）与鞍钢工人一起讨论，攻关克难

（四）科学报国矢志不渝

在老一代科学家心里，科学报国从来不是一句口号，而是兢兢业业做

科研谋创新的伟大事业。他们在生活上无私奉献，在工作上不知倦怠，在事业上锐意进取。他们不计个人得失，只盼为中国的科技事业贡献出一份自己的力量。他们怀有一颗爱国的赤子之心，用自己的实际行动，在祖国大地上撰写科学论文，以拥护中国共产党的领导并加入中国共产党来实现革命的人生。

三、科教兴国需要科学精神的继承与发扬光大

漫漫人生路，悠悠赤子心，蓦然回首，一走竟是整整一生！钱三强和葛庭燧两位科学家（图5）将自己的人生和祖国的命运紧紧地联系在一起，并在这条崎岖坎坷的科教兴国之路上实现了自己的人生价值理想。他们不仅传承了叶企孙先生等老一辈科学家科技救国的满腔热血和家国情怀，更是身先士卒，把毕生精力和智慧贡献给国家与民族。他们留下的不仅仅是一段光辉岁月，更是激励一代代人情感的科学精神。也正是在这些老科学家精神的激励下，我们一代代科学工作者有了榜样。让我们在党中央的坚强领导下，为实现中华民族的伟大复兴，自觉弘扬科学家精神，携手并进，创新驱动发展，共创美好未来。

图5 1978年8月，葛庭燧院士（左一）与夫人何怡贞先生（左二）、钱三强院士（右一）与夫人何泽慧院士（右二）在庐山合影

叶企孙先生高等教育思想与智慧探析[①]

任增元　李欣欣

叶企孙先生曾任清华大学代理校长、理学院院长、教授评议会成员（教授评议会由 7 人组成）、物理系主任、中央研究院总干事，是中国物理学会创建人之一，当选为首届中央研究院院士。他在长期的高等教育实践中，准确把握教育规律，深切贴合中国实际，在教学、科研和院校治理方面形成了一套颇具特色的教育思想体系。叶企孙开启了实验教学的先河，兼用高淘汰率、通识教育理念来保证人才培养的高质量；叶企孙采用国际化战略，大力开展科研合作，创建军事研究基地，用科研为国防贡献力量；叶企孙不拘一格延揽名师，革故鼎新，在动荡时局中力推并践行教授治校思想。这些不仅是中国高等教育史上弥足珍贵的财富，也是在实践中可以充分借鉴的宝贵的本土资源。

叶先生是百年清华取得巨大成就的一位功勋卓著却鲜为人知的杰出奠基者。他与陈寅恪、潘光旦、梅贻琦并称为"百年清华四大哲人"。他培养了大批杰出人才，十几位"两弹一星"元勋，也培养了杨振宁、李政道两位诺贝尔物理学奖获得者。只有一流的思想者才可能办好一流大学、培养出一流

---

① 本文为作者向 2023 年 7 月 16 日召开的一流大学与一流教育家暨叶企孙先生诞辰 125 周年纪念大会提交的论文，原文刊载于《大学教育科学》2017 年第 3 期，收入本书时内容有所调整。本文作者任增元，管理学博士，吉林大学高等教育研究所副所长、教授、博士生导师；李欣欣，吉林大学高等教育研究所硕士研究生。

人才，重温叶先生的高等教育思想与理念具有重要的现实意义。

一、教学方面的主要思想

叶先生在长期的教学实践中准确把握教育规律，大胆改革创新，形成了一套独特的教学思想体系，具体体现在以下三个方面。

（一）一扫谈玄陋习，开启实验教学之先河

一个理论家如果只是在口头上而不是从思想上真正懂得实验是理论思维的基础，就很可能坠入唯意志论的深井。[1]20世纪20年代，传统的中国高等教育体系中还未开展实验教学，老师大多是照着书本学再传授给学生。著名物理学家吴有训曾这样描述："有些欧美留学生返国……开了一些高调而空虚的功课，如算学物理学等由普通至最深的课程，无不应有尽有，要是专以课程的名称，互相比较，中国的大学程度，似较世界任何大学为高。教者只是糊涂地教，学者只是糊涂地听，均在似懂非懂的微妙境地。这种高调的课程，对具有谈玄传统习尚的中国人非常适合口味，结果学生对于实验常识，一无训练，唯日谈自由研究实不知研究为何事……把科学的实验性完全忽略。"[2]由此可见当时实验教学的落后状态，而叶先生自从接管清华大学物理系，就下决心采取以实验为基础的教学方式，立志消除学生只动脑不动手的弊病。从1928年起，物理系规定学生选修实验课的学分不得少于理论课的1/2。1932年，叶先生在《清华暑假周刊》上撰文介绍物理学系概况时说："本系之最浅至最深之课程，均注重于解决问题及实验工作。"1934年，《物理学系概况》中总结阐明的教学方针是"本系……科目之分配，则理论与实验并重，重质而不重量"[3]。

考虑到物理系创建伊始实验仪器极为缺乏，叶先生便带领学生动手制造，

---

[1] 虞昊. 由清华科学社活动看叶企孙教育思想. 物理通报，1998，(10)：3-6.
[2] 虞昊. 物理实验是素质教育的极重要环节——纪念叶企荪师诞生100周年. 物理实验，1998，18(6)：1-3.
[3] 江小明. 物理实验教学对创新能力的培养——从我国物理先师叶企孙先生的治学思想谈起. 物理实验，1998，19（3）：28-31.

在热力学课上，他曾要求学生每人做一支温度计。此外，他还在学校建立了金工、木工工场，并要求学生选修相关课程。为了提高本系工场的技能，他还特意为系里聘请了一位德国技师。更难能可贵的是，叶先生注意到当时的中学物理教学缺少实验课，他便和物理系教员郑衍芬合作编写了《初等物理实验》一书，这也是我国最早的中学物理实验教材。实验教学不但调动了学生的主观能动性和学习热情，而且在每一个环节都留给学生充分发挥的空间，让学生在动手实验中加深对理论的理解，也培养了学生独立思考的能力与耐心，为学生今后的学习打下了基础。叶先生的实验教学思想一扫当时"重理论轻实验"的陋习，打破了传统的思维定式，为学生创造了一种新型的教育环境，可谓开启了我国实验教学之先河。叶先生的功绩与其实验教学模式密不可分。

（二）限制招生人数，实行淘汰制，只为"重质不重量"

为保证教学质量，叶先生一直奉行"重质不重量"的原则，在清华大学物理系招生规定中则体现为：招生人数务必限制，不宜超过 14 人。清华大学物理系第八级毕业生、中国科学院院士王大珩回忆："高于我班的学生，每班仅七八人，至我级同班十人。"[①]由此足以看出叶先生对"重质不重量"原则的坚守。大学之所以为大学、大学教师之所以为教师，本质上不在科学研究而在人才培养[②]。为了保证人才培养质量，清华大学物理系严格地实行淘汰、转专业制度，其中物理系是清华大学当时淘汰率较高的院系。有资料显示，其淘汰率 1929 年为 54.6%，1930 年升至 69.4%，到 1932 年竟高达 82.8%。淘汰制不仅是筛选、淘汰的意思，还含有因材施教的意蕴，即发现学生不适合物理专业却在别处有天分，便劝其转到其他专业学习。例如，胡乔木曾是清华大学物理系学生，在入学谈话中，物理系主任吴有训发现他谈吐优雅、文史功底深厚，便劝其转到历史专业。"此重质不重量之方针，数年来颇著成效。民国十八年本系毕业生施士元先生现任国立中央大学物理学系主任，周

---

① 王大珩. 一代物理学界大师叶企孙先生//钱伟长. 一代师表叶企孙. 2 版. 上海：上海科学技术出版社，2013：83.

② 张传燧. 治理、文化、质量：高等教育深化改革的三大主题. 大学教育科学，2015，（1）：15-19.

同庆先生现任国立北京大学物理系教授,王淦昌先生现任国立山东大学物理学教授。数年来国内物理学之渐臻于隆盛,实与本系对于青年所施之训育,有密切关系。"[1]在日常教学中,叶先生也以"重质不重量"为指导原则,他并不要求学生多做题,认为习题的作用不过是帮助学生更深刻地理解课程,只要认真思考、知道如何解题便可。当时的清华大学物理系本着宁缺毋滥的原则选拔学生,通过转系和高淘汰率来保证学生质量,这对当今大学如何搞好精英教育仍有启发。更重要的是,秉承一切为学生的信条,叶先生绝不受条条框框的束缚。1946年,西南联大受政府委托,推荐优秀研究生去美国深造,其中物理系有两个名额。除了已确定的朱光亚,还剩一个名额不知如何分配,因此物理系主任就请叶先生推荐。尽管选拔的基本资格要求是具有研究生学历,但叶先生还是毅然推荐了年仅19岁的大二学生李政道,这成为当时西南联大轰动一时的重大新闻。叶先生的做法并不是心血来潮,李政道极其出色的课业成绩让他宁愿顶着压力突破规定。事实证明,叶先生的确独具慧眼,李政道在去美国11年后,与杨振宁一起获得了诺贝尔物理学奖。

(三)提倡通识教育,培养综合能力

通识教育作为一种教育理念,目的在于培养具有通融识见、良好德行和健全人格的完整的人,其精要在于对多元价值的尊重、甄别与选择,对多种知识的通融和开放灵活的思维精神与方式,促使学生形成通识精神。[2]通识教育思想贯穿了叶先生的整个学习和执教生涯。他认为,学生应该先得到多方面的发展,然后才谈得上是某一方面的专家;人的生存不可能脱离社会,学术的发展和创造也需要多学科的综合。因此,他希望在通识教育的思想下培养出具有宽广知识面并能适应竞争环境的学生。叶先生的通识教育理念来源于他的教育经历。他年轻时就读的清华学堂奉行"全人格"教育,是建构在该校奉行"三通"(中西会通、古今融通、文理会通)基础上的。这种得天独厚的气氛和开放性的教学环境,使得他一直秉承着通识教育的理念。据钱伟长回忆,除了物理系的全部课程,他还曾全面学习了定量和定性分析、有

---

[1] 叶企孙. 物理学系概况//钱伟长. 一代师表叶企孙. 2版. 上海:上海科学技术出版社,2013:319.
[2] 蒋红斌,梁婷. 通识精神的彰显与我国大学通识教育改革. 教育研究,2012,(1):95-99.

机化学和物理化学等化学课及全部的化学实验课，还有数学专业的高等分析、微分几何、近世代数、集合论等课程。此外，在叶先生的直接鼓励下，他还旁听了机械系和航空系等专业的主干课程。在这种通识教育的影响下，钱伟长乃至整个清华大学物理系的学生都打下了知识面较为宽广的基础。

二、科研方面的主要思想

在科学研究方面，叶先生重视实验及科研工作，重视通过特种研究服务国家并倡导国际化战略，留下了弥足珍贵的思想财富。

（一）大力开展实验科研工作，奠基清华学术重镇，谋求中国学术独立

叶先生认为，大学必须开展科学研究、谋求学术独立，如此才能改变中国落后的科学状况。因此，叶先生创建清华大学物理系之后，便把实验室建设当作重点工作来推进。为了顺利开展科研工作，叶先生做了很多努力：开设实验室；为维修实验设备筹备金工、木工场；开设有专门书刊的图书室；委托师从居里夫人的施士元购买放射性元素镭，叮嘱吴有训从美国购买电子管设备等。叶先生的不懈努力，使得从国外学成归来的教授们可以继续开展科学研究。据赵忠尧教授回忆："回国时几乎没有停顿，好像从这个实验室走进另一个实验室那样，很好地保持了思维的连贯性和科研的持续性。"由此可见，清华大学物理系的实验室在当时应该具有世界水平[1]。叶先生开展的研究工作不仅仅局限于物理方面。当年，清华大学在兴建大礼堂时，为减少花费，取消了消减回声的设备，以至于学生听演讲时往往听不清。叶先生知晓后，便带领学生展开研究，不惜牺牲休息时间，经常做实验到深夜，花费两年时间，终于找出原因并顺利解决了这一问题。这也是当时国内关于建筑学方面最为先进的研究。正是叶先生在清华大学物理系所营造出的这种重科研的浓厚氛围，使得该校学生在走出校门或出国留学后，科研能力丝毫不落于人后。大学将科研、教学和培养科学后继人才的工作结合在一起，这一点在当时是别处所没有的。科研工作是开展科学培养工作和提高科学后继人才素质的前

---

[1] 邢军纪. 最后的大师：叶企孙和他的时代. 北京：北京十月文艺出版社，2010：154.

提。①在世界高等教育史上，18世纪俄国彼得一世创设了以研究为主的科学院之后，俄国教育开始蓬勃发展；德国洪堡在柏林大学推行教学和科研相结合的教育思想，使得柏林大学扬名成为欧洲高等教育的中心；叶先生重视实验室建设与科研工作，则奠定了清华大学作为中国学术重镇的基石。

（二）重视国防特种研究，创建最早的军事研究基地

叶先生早在冀中抗日时就深感国防之薄弱，因此，他在西南联大担任特种研究所委员会主席后就将目光转向了国防研究，希望能用尖端科技解决国防实际问题。他先后创办了农业研究所、无线电研究所、航空研究所、金属研究所及国情普查研究所，统称特种研究所。特种研究所除"为国储才"外，还有"为国效忠"这一深层含义，其目标是阻止日本间谍及汉奸的破坏。这也是国民政府和清华大学的秘密协议。农业研究所研究农产品的病虫害问题，以及从农产品中提取国防所需原料问题等；无线电研究所注重研究短波军用无线电机、秘密军用无线电话及培养专门电信人才；航空研究所的任务是研究飞机构造、研制飞机制造材料和做风洞试验；金属研究所则辅助国家工业机关解决所用钢铁及其他金属材料等问题；国情普查研究所注重普查方法的推广和专门人才的培养。从以上各个研究所的任务可以看出，这些研究所和初期的清华大学实验室是两个概念，其研究深切符合战情需要，甚至将其称为中国最早的军事研究基地也不为过。当时的特种研究所获得了不少世界前沿性的科研成果，不少人成为此后中国各学科的奠基人，叶先生则是他们和中国多个领域现代科学事业的铺路人。②

（三）践行国际化战略，促进国内外学术交流

在叶先生看来，闭门造车式的"科学研究"是行不通的，开展对外学术交流不仅可以吸收国外科研工作经验的精华，而且有利于我国高等教育的快速发展。当时清华大学有一规定：学校教授每六年可休假一年，教师可利用这一年时间自行到国外游学以吸收先进知识。叶先生本人就曾利用休假时间

---

① 德国科学委员会. 德国高等学校90年代发展展望. 高如峰，等译. 北京：人民教育出版社，2004：42.
② 储朝晖. 叶企孙与西南联大新探. 河北师范大学学报（教育科学版），2016，18（2）：18-26.

到德国柏林大学、哥廷根大学深造，物理系教师吴有训和萨本栋等人也曾先后到美国学习。早在 20 世纪 30 年代，清华大学理学院就先后邀请美国信息论创始人维纳、法国学者朗之万、英国学者狄拉克、丹麦物理学家玻尔等人到清华大学讲学，以便让学生了解世界科学发展最前沿的观点。为了及时报道理学院的科研成果，叶先生还创办了《国立清华大学理科报告》，分成三种：数学与物理科学（mathematical and physical sciences）、生物科学与心理学（biological sciences and psycology）、地质学与气象学（geology and meteorology），学院许多研究人员的成果都曾刊登在上面，引起了国内外的关注。另外，无论谁去欧洲，叶先生总要让他去旧书铺帮院系收买国际著名科学家的著作文集或者科技学报书刊。

三、大学治理方面的主要思想

叶先生曾经担任系主任、代理校长、教授评议会成员等领导及管理职务，并积累了宝贵经验，在大学治理方面形成了一系列重要思想。

（一）推选梅贻琦担任校长，并倡导"教授治校"

在北洋政府时期，各个势力都觊觎清华大学校长的位置，但清华大学内部仍能维持较为平稳的环境，对此，叶先生功不可没。自 1926 年起，曹云祥、罗家伦、乔万选、吴南轩先后任清华大学校长。在校长频繁更换的情况下，叶先生认识到，只有让既有学识又是政局之外的人任职校长才能防止政客染指清华大学。以他为首的少壮派教授立即向南京政府施压，利用舆论和教授的力量，推选梅贻琦先生担任校长，从此开启了梅先生在清华大学主政的时代，也因此在高等教育史上留下了梅先生治理清华大学的佳话。清华大学原有的体制是由政府任命的校长一人总领学校事务，暴露出"外行领导内行"的缺陷。叶先生力推"教授治校"，在清华园内推动创设教授评议会、评议会及校务会议，他自己就是教授评议会七位评议员之一。"教授治校"的精髓在于学校事务并非校长一个人说了算,而是把所有关乎学校发展的事拿到教授评议会上讨论,进行民主决策。这样不但体现了民主的精神,还能够以高效率、高水平的事务办理促进全校的团结。"教授治校"的另一个好处就是能够在外界时局动荡下保持学校的内部稳定,实际上这是一种民主的改革,把不懂教学的官僚清除出学校管理体系,让教授推选的懂得科学与教学的人参与实行民主治校。正是在叶先生倡导并实践"教授治校"期间,清华大学进入了黄金时期。

(二)注重顶层设计,完善留学学科布局

清华大学的前身为留美预备学校,留美名额的分配按照各省所出"庚子赔款"的比例来确定,留美的专业则由学生自己来定。1933年,清华大学恢复选派公费留学生,接管这一工作的叶先生认为当时的选派模式极不合理,不但不顾及国家的需要,还造成了人才浪费。因此,他在主管留美工作后采取了三项改进措施:第一,废除各省名额旧例,改为全国范围内招生择优录取;第二,留美学生所学专业不再自行决定,而是根据国家需要和世界科学的发展趋势而确定;第三,为节省国家开支、提高留学效率,已考取各专业的人必须在国内补修该专业的课程一年并为其指定国内最好的导师。[①]著名光学家龚祖同刚入清华大学时主修核物理方向,后来叶先生找他谈话提及目前很多强国出于军事考虑都在研究光学,但我国在这一领域还是空白。正是这次谈话促使龚祖同考取了光学专业并进入柏林大学学习。抗战全面爆发后,龚祖同放弃博士论文答辩,毅然回国建立了我国第一家光学工厂,我国光学事业才得以起步。

学科布局在不同时代的表现形式不尽相同,也许今天必须以大规模学科建制才算得上学科布局,但在早期的发展中,只要能培养出一两个顶尖人才就完成了学科布局的使命。一流学生培养有赖于建设一流的专业,一流专业

[①] 虞昊. 我对一代师表叶企孙的认识//钱伟长. 一代师表叶企孙. 2版. 上海:上海科学技术出版社,2013:225.

则要有优势学科作为支撑。①在这方面，叶先生极具前瞻性战略目光。钱学森当时考取留美生的原定专业是铁路工程，在叶先生的引导下改为航空工程；1934年，叶先生出人意料地减少了物理专业名额，转而增加了一门新的留美学科——高空气象学，并劝说学生赵九章转学气象。叶先生掌舵清华大学留美事务多年，为钱学森、李政道、王竹溪、赵九章、龚祖同等学生选择留美的专业各不相同。这些专业并不都是叶先生所熟悉的，但他总能独具慧眼地预见到世界科学发展的前沿，为中国科学世界填补了一块块空白。在一个现代国家中，如果每个人都重视科学，使科学能够有日新月异的进步，那么这个国家没有不强盛的。②

（三）不拘一格延揽名师，严肃法纪

哈佛大学校长詹姆斯·布赖恩特·科南特（James Bryant Conant）有言："大学的荣誉不在它的校舍和人数，而在它的一代代教师的质量。"③叶先生也曾对学生讲过："我教书不好，对不住你们，可是有一点对得住你们的，那就是，我请来教你们的先生个个比我强。"清华大学物理系成立之初只有梅贻琦和叶企孙两位教授，之后叶先生陆续延聘了吴有训、萨本栋、任之恭、周培源、赵忠尧等一批优秀教师。为给教师营造良好环境，他大力创设实验室、购买实验设备，以便让国外归来的教师能够继续从事科学研究。叶先生还将吴有训的工资定得比自己的高，以此彰显对人才的尊重，甚至先后辞去物理系主任、理学院院长的职位，推荐吴有训来接替自己。就物理系而言，1928年吴有训、萨本栋的到校，标志着它开始走上兴旺发达之路。从此之后，我国物理学之栋梁多出于清华大学。1932年中国物理学会成立时，清华大学的会员人数最多，足以说明当时的清华大学物理系具备了国内最强的师资研究

---

① 孙玉清. 大学的学科与专业. 中国高等教育，2016，(7)：42-45.
② 储朝晖. 叶企孙与西南联大新探. 河北师范大学学报（教育科学版），2016，18（2）：18-26.
③ 约翰·S. 布鲁贝克. 高等教育哲学. 王承绪，郑继伟，张维平，等译. 杭州：浙江教育出版社，1987：30.

究力量①。在培养与选聘人才上,叶先生既有坚定的原则,又热心爱护人才,提携后进,不搞"近亲繁殖",并有意识地吸收非清华大学的毕业生来校任教。②华罗庚的故事大家耳熟能详,当年他到清华大学任教引起了相当激烈的讨论。在清华人眼中,只具有初中学历的华罗庚发表的几篇论文不过是灵光一现,他与那些留过学、受过高等教育的教授相比资历差得很远,而他之所以能够以初中学历、从一个杂货店的店员破格执教清华大学,正是得益于叶先生的慧眼识才。华罗庚在给叶企孙侄女的信中曾写到,"道及叶企老,不觉泪盈眶,他对我的爱护是说不尽的"③。叶先生不拘一格的作风,不仅体现在聘用教师上,还体现在辞退教师上。据施士元回忆,一些同学向叶企孙反映了某教师教学不负责任的情况,叶先生核实后,第二学期就将这位教师辞退了。由此可以看出,叶先生敢于破格提拔人才,也敢于顶着压力辞退不胜任的教师。

四、对当今高等教育发展的几点启示

叶先生的教育思想不仅深切符合高等教育原则和规律,在实验教学等方面更是开创了时代的先河。深谙教育规律的叶先生不仅为清华大学的创建及发展做出了杰出贡献,其思想经过百年高等教育践履洗礼之后仍然熠熠生辉,对促进当今高校办学、推进"双一流"建设仍具有启示意义。

(一)在人才培养方面,坚守底线,尊重常识,加强通识教育,统筹推进一流人才建设

后大众化时期,所有高校面临的一个共同问题是大学"放水",毕业标准、及格标准太低,而且在毕业之前为了保证学生毕业,还形成了以"清考"

---

① 刘克选,胡升华. 叶企孙的贡献与悲剧. 自然辩证法通讯,1989,(3):64-80.
② 沈克琦,孙佶,汪永铨. 深切怀念叶企孙教授//钱伟长. 一代师表叶企孙. 2版. 上海:上海科学技术出版社,2013:116.
③ 华罗庚. 道及叶企老 不觉泪盈眶//钱伟长. 一代师表叶企孙. 2版. 上海:上海科学技术出版社,2013:48.

（清理考试）集中"放水"的潜规则。如果高等教育变成没有底线、没有准则、怎么混都行的场域，一流人才培养岂不是空话？当前政府对大学的评价中，就业率、毕业率成为重要指标之一，使得本该属于大学的学术权力无所适从，高校不仅不能严控毕业标准，反倒在进行集体"放水"，以此提升毕业率从而保证就业率，这就是本末倒置。美国大学的平均毕业率至今只有60%左右，难道这能证明美国高等教育质量低劣？实践性作为教育的本质属性告知我们，实践教育是现代教育理念、教育模式、教育实践的有机统一。[①]当前高等教育规模空前巨大，然而实验、实践和实习环节都存在很多问题，轻实践、假实习、被就业的问题屡见不鲜，实际上，有的学生没有真正到岗实习，而是开个假证明敷衍了事。在很多方面造假，甚至集体造假、制度化的造假，几乎成为一种行业风气。不知这股"妖风"从何而来，这值得反思与追问。这些问题本不该成为问题，因为这是为学、育人的最基本常识。今天影响高等教育质量的关键不是什么玄妙规律，恰恰是因为没有对常识的尊重而导致的常识性危机。对大学的严格监督和有效激励必须切中肯綮，设置对高校实习、实验、实践教学的监督和抽查机制，从而保证实践教育质量。这远比评估就业率重要得多。在当前的学术讨论中，几乎所有的校长和学者都有一个共识——"双一流"建设不能忽视本科教育。反过来说，大家都发现，争取资源、学科建设、科学研究耗费了高校过多的精力，本科教育没有得到应有的重视。在研究型的一流大学，问题更严重：许多一流大学把科学研究摆在第一位，研究生教学摆在第二位，行有余力才应对本科教学。[②]这些高校不能真正重视本科教育，"放水""缩水"的情况与当年叶先生之"重质不重量"的做法形成了鲜明对比。

---

① 华罗庚. 道及叶企老 不觉泪盈眶//钱伟长. 一代师表叶企孙. 2版. 上海：上海科学技术出版社，2013：48.

② 肖鹰. 大学精神是大学之本. http://www.qstheory.cn/kj/jy/201101/t20110107_61485.htm[2016-11-03].

（二）在科研方面，去除浮躁功利心理，注重长远前瞻性，使其为育人之手段

目前中国高等教育面临的最大问题之一是功利主义，而急功近利恰恰是限制个人和国家创新能力发展的最大桎梏。搞科研不能只着眼于眼前的蝇头小利，而应将目光放于长远利益。当人们还在责难当政者不重视、不关心科学时，叶先生则一步一个脚印地肩负起改变现状、使科学在中国生根的历史重担。由于长远地考虑到祖国要发展就必须实现学术之独立，叶企孙立足于我国科学技术发展的需要，提出了培养专业急需人才的建议。反观当前功利化、短期化的学术评价、科研评价对所有"双一流"的资助对象进行"硬"考核，这必将导致南辕北辙、欲速不达。让学者们去自由探索，才能保证基础研究与应用研究之间的平衡，保证当前需要与未来发展之间的平衡，才能真正实现学术繁荣的初衷。领军人才和大师级人物的成绩，是考核评价还是对未知世界的好奇使然？是外在世界的功利需要还是内在的一种追求？默顿的研究结论是基本上各占一半。但是，就目前的学术环境而言，科学家受到的外在世界的功利性激励较大，而没有留出一定的空间供他们进行超越功利的探索。当然，科学研究除创造知识之外，也有人才培养的功能。国内外的教育实践表明，本科生早期参与科学研究既是培养创新型人才的重要途径，也为促进学科发展和提升科学研究水平提供了生力军。[1]高校的一切工作必须以育人为前提，出于制度环境和大学自身定位的某些偏差，我们扭曲了教学和科研之间的关系，但两者归根结底理应是途径不同、目的相同的人才培养手段。

（三）在院校治理方面，优化行政学术权力，弘扬大学精神

当今中国大学存在一种现象，一方面是大学自主办校的"改革求新"，另一方面是大学上下争权力、求利益的"生动图景"。[2]这一问题的病根就是学

---

[1] 钟秉林，方芳. 一流本科教育是"双一流"建设的重要内涵. 中国大学教学，2016，(4)：4-8，16.
[2] 肖鹰. 大学精神是大学之本. http://www.qstheory.cn/kj/jy/201101/t20110107_61485.htm[2016-11-03].

术精神、大学精神的式微。多年的大学改革之路正是偏于权力和分配的纷争，从而漠视甚至违背了大学精神。大学精神凝聚着大学的理想与宗旨，并为学人提供价值坐标的标杆，是大学存在与发展的精神动力。[1]没有精神的大学就是没有灵魂和生命力的大学。弘扬大学精神的重要性不言而喻，需要自我主观意识的重构，努力塑造潜心向学的纯粹校风。另外，师资、校园环境等条件的建设也无一不彰显着大学精神的内涵。学术权力与行政权力之间的难题一直影响着中国高校的健康发展，而大学、学院治理涉及的任何问题也都脱离不开学术和行政的范围。我们总在泛泛地谈"弱化行政权力""去行政化"，而行政权力和行政职能都是大学的重要组织要素之一，既不可能去掉，也很难削弱，优化行政权力更符合未来的改革设计。在学术问题上坚决"去行政化"，在行政问题上加强科学化、服务化、职业化，这才是优化行政权力的根本。

叶先生为我国高等教育奉献了一生，为我国科学教育事业的开创做出了突出贡献。他的办学思想和实践不仅具有史料价值，而且对今天的高校管理、人才培养颇具现实意义。面对经济社会转型发展、建设创新型国家的战略要求，我们需要以创新的勇气和智慧找准着力点，在推进高等教育现代化进程中继承老一辈教育家的思想并发扬光大。

---

[1] 陈昕. 基于不同层面要求的高等教育去行政化探析. 现代教育管理, 2011, (5): 6-8.

怀念叶企孙，与文明同行[①]

梁昌年

一、缘起

2023年7月16日，是叶企孙先生诞生125周年纪念日。受朋友邀请，我在苏州参加了由西交利物浦大学、中华教育改进社、中国教育三十人论坛在西交利物浦大学共同举办的一流大学与一流教育家暨叶企孙先生诞辰125周年纪念大会。事后组委会向我约稿，我本欲回绝，但会议内容给我带来的震撼让我不忍直接拒绝，于是说：让我考虑后再做回复。

浏览了一下会议文集及赠书《文明的历程：怀念叶企孙》（图1），我深感作为一个学物理的北京大学毕业生、叶企孙先生的徒孙（我的硕士研究生导师吴全德院士是1943级西南联大物理系学生），我有责任了解并宣扬叶企孙先生不平凡的一生，尤其要挖掘他给后人留下的宝贵财富。

[①] 本文为作者参加2023年7月16日召开的一流大学与一流教育家暨叶企孙先生诞辰125周年纪念大会后受到启发写出的文章。本文作者梁昌年，15岁考入北京大学物理系，获北京大学学士、硕士学位，在美国获博士学位后，在英特尔和中芯国际从事芯片制造的研发工作，现从事AI+学习领域的研究。

图 1　《文明的历程：怀念叶企孙》书影

回顾自己的学习成长史，我发现我知道的第一位科学家是陈景润，这还是因为徐迟的报告文学《哥德巴赫猜想》，而不是来自我的数学或科学课堂。徐迟的报告文学里提到了华罗庚和熊庆来，却没有提到清华大学理学院的创始院长叶企孙。他是清华学堂的第一批学生（1911 年 2 月）、清华大学物理系的首任系主任、清华大学理学院的创始院长，23 位"两弹一星"元勋里有将近一半是他的弟子，或者受到他的影响。另外，华罗庚的破格提拔、李政道赴美的破格选拔，都是由他拍板定案的。林家翘、戴振铎、钱伟长、王竹溪、杨振宁等杰出科学家，都是清华大学物理系或西南联大的优秀毕业生。尤其值得一提的是，数理化三科总分仅 25 分的"中国近代力学之父"钱伟长转到物理系就读，也和得到叶企孙的支持有关。叶企孙最终为国家培养的院士高达 79 位。这样一个功勋卓著、硕果累累的人，却不为众人所熟知。他一生究竟经历了什么？其命运能给我们后人，尤其是给知识工作者带来什么启示？

二、生平

（一）幼儿与青少年时代

1898 年 7 月 16 日，叶企孙出生于上海的一个书香门第家庭。他的曾祖父是清朝官员，晚年在家研究礼学，参与过编纂《同治上海县志》；祖父曾获得国子监簿衔封赏，官至五品；父亲叶景澐是 1894 年甲午江南乡试第 15 名举人，曾任敬业学堂校长、清华学堂国文教员、上海教育会会长等职，参与编纂上海县志。

叶企孙的祖父叶佳镇藏书七八千册，和他与华夏文化结缘有直接关系。叶企孙的父亲叶景澐不仅是清朝举人，1902 年与黄炎培等奉派赴日本考察教育，归国后致力于创建新式学校，是一位名副其实的新式教育家。叶父在叶先生 3 岁的时候就亲自对他进行启蒙教育[①]。叶企孙 6 岁丧母，其父没有再娶，独自承担育儿责任。1913 年叶企孙再赴清华时，叶父辞去上海的工作，去清华学校任国文老师。1913—1918 年，父子俩同在清华学校。身为教育家的叶父对叶先生的幼儿启蒙和青少年时期价值观的形成影响至深。

叶父对叶先生一生的影响，还可以从胡升华教授 2023 年发表的《叶企孙的家庭教育和留学教育》一文中引述的叶父遗嘱略见一斑。叶父遗嘱的特别之处是"无涉财产器物，惟重修身治学"。胡教授从叶父遗嘱中提炼出以下的关键词：洁身自律，谨嗜慎好；宽厚待人，择品而交；静心向学，与世无争；求真务实，保种保教[②]。

纵观叶先生一生的为人处世，在叶父遗嘱中提到的所有方面，叶先生都远远超出了其父的预期。

1913 年夏，叶先生再度考入清华学校，学校的 20 多门课程仍不能满足他强烈的求知欲，他就把不少的时间和精力放在参加学生社团及其他活动上。叶先生 16 岁开始就陆续在《清华学报》等刊物发表了《考证商功》《中国算学史略》《中国天文史研究》等多篇论文。后来给李约瑟先生提供无私帮助，与竺可桢先生、侯外庐先生一起创办自然科学史研究所，都和他这一阶段累

[①] 储朝晖. 文明的历程：怀念叶企孙. 北京：科学出版社，2019：4.
[②] 胡升华. 叶企孙的家庭教育和留学教育. 北京教育，2023，（11）：10-13.

积的功底直接相关①。

对叶先生留学前的这一段经历，中国教育科学研究院研究员、中华教育改进社理事长储朝晖给出的总结最为精辟：

叶企孙幼年时就在人类文明前沿的环境中成长，中西兼修。学生时代就显现出杰出的素养，充满了作为杰出科学家所具备的灵性、远见卓识以及踏实作风，这是他青年时登上世界科技高峰和人类文明前沿的前提条件。②

（二）留学经历

1918年，叶先生考取清华"庚子赔款"留美公费生，去往美国芝加哥大学物理系就读，插班进了大学三年级。在那里，他受教于因油滴实验获得1923年诺贝尔物理学奖的罗伯特·安德鲁·密立根（Robert Andrew Millikan）教授，后者1921年去了加州理工学院，把加州理工学院在十年内变成了世界一流的大学。李政道先生在《纪念叶企孙老师》一文中说道："叶老师不仅是我的启蒙老师，而且是影响我一生科学成就的恩师！1946年秋，经吴大猷和叶企孙两位老师的举荐和帮助，我进入芝加哥大学攻读物理。"③由此可见，叶先生创办的清华大学物理系，和他获得本科学位的芝加哥大学的合作非常紧密。

随后，叶先生相继获得哈佛大学硕士学位和博士学位。他的两篇博士论文都是有关实验物理方面的，其工作在当时堪称一流，他测得的普朗克常数值被称为叶值，被物理学界引用了16年之久。他师从布里奇曼教授的博士论文，属于高压磁学的开创性贡献，为布里奇曼1946年获得诺贝尔物理学奖做出了杰出贡献，也为他自己后来在北京大学建设磁学教研室打下了坚实的基础。

人类对量子世界的认识，是从认识电子和光子入手的。1897年，约瑟夫·约翰·汤姆孙（Joseph John Thomson）在研究稀薄气体放电的实验中证明了电子的存在，测定了电子的荷质比，并因此获得1906年的诺贝尔物理学奖。1900年，普朗克用光量子解释了黑体辐射，获得了1918年的诺贝尔物理学奖。1905年，爱因斯坦用光量子解释了光电效应，获得了1921年的诺贝尔物理学

---

① 叶铭汉. 纪念叶企孙先生//储朝晖. 文明的历程：怀念叶企孙. 北京：科学出版社，2019：43.
② 储朝晖. 文明的历程：怀念叶企孙. 北京：科学出版社，2019：5.
③ 李政道. 纪念叶企孙老师//朱邦芬. 清华物理八十年. 北京：清华大学出版社，2006：263.

奖。1913年，密立根测量出了电子的电荷的精确数值，获得了1923年的诺贝尔物理学奖。此外，密立根还在1916年测出了当时最精确的普朗克常数的值。叶先生作为清华大学物理系的第一任掌门人，取得后人难以超越的教育成果，与他的留学经历是分不开的。像德布罗意、海森伯和狄拉克等年轻科学家一样，他真的是生逢其时。不过，如果没有他的家学渊源和父亲的栽培，就不会有他的独立思考和学习能力，更不会有他身上的中西合璧、成为圣贤之师的特质。如果教育学有诺贝尔奖的话，叶先生的贡献可以跟物理学界开创哥本哈根学派的玻尔有得一比。如果管理实践有诺贝尔奖的话，叶先生的成果可以和成就美国电话电报公司的费尔先生竞相争艳。[①]李政道先生在他的纪念文章中，是这样评述叶先生对清华大学的贡献的：

> 叶先生在1925年创建清华大学物理系时是副教授。清华大学物理系在当时梅贻琦校长的领导下，在以叶先生为代表的一群年青教授的努力下，不到十年，就名居全国物理系的前列。美国的加州理工学院，在1921年聘请密立根（Millikan）教授去主持校务后，不到十年就成为世界的名校。当时的清华大学物理系虽不能跟加州理工学院物理系相比，但当时中国的具体条件比美国差多了，在不到十年的时间里，能把一个新创办的物理系，办成为全国第一流的系，现在看来，在发展的速度上，在办系的成功上，叶先生的创业成就是可以跟20世纪初的加州理工学院相媲美的，是十分值得我们今天借鉴，值得我们今天去研究其中的道理的。[②]

（三）硕果累累

这样一位年轻有为、前途无量的物理学家，没有留在美国继续发展，而是毕业后先去欧洲考察，然后到国立东南大学任教（1924年3月），1925年9月受聘到清华大学，开始了他一生中最辉煌的篇章。

彼得·德鲁克（Peter Drucker）先生在他85岁时发表的《21世纪的管理挑战》最后一章的标题就是"知识工作者的自我管理"[③]。叶先生27岁时留

---

① 彼得·德鲁克.卓有成效的管理者.许是祥译，北京：机械工业出版社，2005：87.
② 李政道.大音希声，大象无形——纪念叶企孙老师110周年诞辰.物理，2009，38（9）：669-670.
③ 彼得·德鲁克.21世纪的管理挑战.朱雁斌译.北京：机械工业出版社，2006：143.

美归来，他前期形成的特长加上清华大学独特的环境，成就了后来的一段传奇。自我管理的五个原则是：①我的长处是什么；②我属于哪里；③我的贡献是什么；④合作的责任；⑤人生下半场，叶先生展现了四条半！

1925年，清华学校创立大学部，叶先生应聘为物理系副教授。清华大学物理系和清华大学理学院，就像叶先生的孩子，从无到有，"从0到1"。而且，这个"1"，在不到十年的时间里，就成了全中国当时物理学领域最好的"1"。这不仅是中国教育史上的奇迹，在全人类的大学教育史中，也是罕见的。1929—1938年，清华大学物理系共有70人毕业（其中本科生69人，研究生1人）。70人中，21人后来当选为中国科学院院士[①]。他们中的多人后来成为中国许多领域的开创者，其中6人被授予"两弹一星功勋奖章"。这还不算美国的两位院士（林家翘与戴振铎），以及得到叶先生帮助的钱学森、华罗庚，还有后来诺贝尔奖获得者杨振宁与李政道等科学界翘楚。成才率之高，实为空前。叶先生一生为国家培养了79位院士，而且许多都是所在行业的开拓者或奠基人。1933年毕业于清华大学物理系的赵九章，后来担任中国科学院卫星设计研究院院长，是中国卫星事业的奠基人，1999年被追授"两弹一星功勋奖章"。1933年毕业于清华大学物理系的王淦昌，是中国核科学的奠基人和开拓者之一，"两弹一星功勋奖章"获得者。1936年毕业于清华大学物理系的王大珩，是我国现代国防光学技术及光学工程的开拓者和奠基人之一，也是"两弹一星功勋奖章"获得者。

叶企孙领导下的清华大学物理系，不仅在不到十年的时间里成为全国第一，更重要的是，他带出来的学生，顶起了中国科技界的大片天！

三、财富

（一）价值

纵观叶企孙先生的一生，前半生一帆风顺，后半生命途多舛。储朝晖研究员在《纪念叶企孙是为文明生长创造机会》一文中强调："纪念叶企孙是认

---

① 叶铭汉. 纪念叶企孙先生//储朝晖. 文明的历程：怀念叶企孙. 北京：科学出版社，2018：49.

识人类文明进步的条件与规律，进而遵循文明发展的规律，创造文明进步的条件，预防和抵制野蛮，增加当下社会的文明元素，为文明生长创造更多的机会。"[1]关于叶先生的前半生，以及他为中国物理学界、科技界所做的贡献，已经有了很多文章，有兴趣的读者可以从《物理》杂志及叶先生诞辰120周年、125周年的纪念文集或文章里了解。储朝晖研究员出版的《叶企孙画传》，对叶先生的生平，做了非常完整和全面的描述。

写到这里才意识到，如果我们不从人类文明传承与发展的角度去认识叶先生，那么培养一流教育家和创一流大学无疑将成为一句空话。

身处21世纪的我们，应该怎样利用叶先生给我们留下的财富，又应该如何弘扬叶先生一生坚持发扬光大的科学精神呢？

管理学家与社会生态学家彼得·德鲁克先生提出的知识工作者的自我管理，或许可以帮助我们走出如今的困境。

叶先生不为人所知的价值，在于他是20世纪30年代全世界范围内凤毛麟角的知识工作者、首屈一指卓有成效的管理者。

叶先生从28岁时便开始担任清华大学物理系创系主任，31岁就做了清华大学理学院首任院长，34岁成为中国物理学会的主要发起人之一。在德鲁克受聘于通用汽车公司顾问的1942年，44岁的叶企孙已经担任中央研究院总干事（相当于中国科学院常务副院长）了。

1919年，美国学者约翰·杜威（John Dewey）到中国访问，目睹了五四运动的风起云涌，曾感叹说：拿世界各国的大学校长来比较，牛津大学、剑桥大学、巴黎大学、柏林大学、哈佛大学、哥伦比亚大学等大学的校长中，在某些学科上有卓越贡献的不乏其人。但是，以一个校长身份而能领导那所大学，对一个民族、对一个时代，起到转折作用的，除蔡元培外，恐怕找不出第二个。

时至今日，我们应该怎样评价学者叶企孙对中国乃至世界的贡献呢？以杜威对蔡元培先生的评价为样板，我们可以这样认识叶先生：拿世界各国的大科学家和教育家来比较，牛津大学、剑桥大学、巴黎大学、柏林大学、哈

---

[1] 储朝晖. 纪念叶企孙是为文明生长创造机会//储朝晖. 文明的历程：怀念叶企孙. 北京：科学出版社，2019：3.

佛大学、哥伦比亚大学等学校里，在某些学科上有卓越贡献的不乏其人。其中最典型的例子是剑桥大学卡文迪许实验室主任、诺贝尔奖获得者欧内斯特·卢瑟福。但是，以一个科学家和教育家身份而能影响一所大学、一个民族乃至全世界的，对一个时代起到转折作用的，除叶企孙外，恐怕找不出第二个。

如果没有叶企孙，就不会有人才辈出的清华大学理学院，中国"两弹一星"的诞生会推迟。我个人认为，乒乓球只是中美关系破冰的契机，而真正决定中美关系走向的是中国实力的崛起。这一切，跟叶企孙先生的贡献是分不开的。

读到这里，你是否认同，我的这篇文章最恰当的题目应该是"而我却今天才知道他的价值"？

在我心目中，叶先生就是那只"影响全球气候的南美的蝴蝶"，只因为他恪守自己的本分与原则。

（二）知识工作者

为什么我要强调叶先生是全人类知识工作者中的先驱者呢？因为知识工作者有自己的价值观并懂得如何坚持。

叶先生的侄子叶铭汉院士的纪念文章里有这样一段话：

1965年"文化大革命"前夕，在极左思潮统治一切的情况下，在科学哲学界滋生了一种倾向，以唯物与唯心两极端来划分历史上的自然科学家，将自然科学的发展过程归结为单纯的这两种世界观的斗争结果。叶企孙先生坚持真理，实事求是，写了《关于自然辩证法研究的几点意见》，投《自然辩证法通讯》杂志，指出对于历史上著名的科学家必须具体地分析，给予正确的评价，不能简单化。在"黑云压城城欲摧"的当时，他敢于坚持真理，是需要极大的勇气的。[1]

类似的例子还有不少，但都指向一点：叶先生不说假话，不说违心的话。

什么是知识工作者的价值观？德鲁克在《21世纪的管理挑战》一书中是这样描述的：

---

[1] 叶铭汉. 纪念叶企孙先生//储朝晖. 文明的历程：怀念叶企孙. 北京：科学出版社，2019：55.

据说，20世纪初，德国驻伦敦大使在所有强国的外交官中是最受尊敬的外交官。他显然注定了要飞黄腾达，如果当不了德国的联邦总理，至少也能成为外交（部）部长。然而，在1906年，他突然辞职了。当时，爱德华七世（King Edward Ⅶ）已经当了5年的英国国王，外交使团准备为他办一个盛大的宴会。这位德国大使当时在外交使团中可谓德高望重，他在伦敦工作了将近15年，因此被选为那次宴会的主席。爱德华七世是臭名昭著的风流浪子。他明确要求在宴会快结束时，即在上完甜点后，推上来一块巨大的蛋糕，在灯光变暗时，从蛋糕中蹦出十几个裸体的妓女。德国大使宁愿辞职，也不愿主持这次宴会。"在早上刮脸时，我不愿意在镜子里看到一个皮条客。"①

叶先生就是一个一生坚持自己价值观的学者。在1951年举国反美时，他在家里读古书。1952年全国高等学校院系调整时，他不发表反对意见，但也不支持参与，结果从类似于校长的位置被一撸到底，成为一名普通教授。1957年，一直消极的他没有被打成右派，可见叶先生其实是多么谨言慎行！

即使在"文化大革命"时期，他仍然关心和保护着自己的学生，不愿意给他们添加任何麻烦。《纪念叶企孙是为文明生长创造机会》中这样写道："叶企孙的人格、品质和哲人风范，达到了他人难以企及的境界。"②

（三）自我管理

知识工作者的自我管理有5个原则。在每一个方面，叶先生都是我们的楷模：①我的长处是什么；②我属于哪里；③我的贡献是什么；④合作的责任；⑤人生下半场。

叶先生的长处是教学与管理。清华大学物理系初创时期，就他一个副教授，他教了三个年级所有的课程（注：身为教授的梅贻琦当时是清华大学的教务长）。然后，他一直努力招聘一流教师，把吴有训的工资定得比自己的还要高，随后吴有训又接替他当物理系系主任、理学院院长。无论是教书育人还是组织管理，都充分展现出他过人的才华与长处。

---

① 彼得·德鲁克.21世纪的管理挑战.朱雁斌译.北京：机械工业出版社，2006：143.
② 储朝晖.纪念叶企孙是为文明生长创造机会//储朝晖.文明的历程：怀念叶企孙.北京：科学出版社，2019：9.

他对清华大学情有独钟。抗战结束后，他拒绝朱家骅请他代表教育部到东北从敌伪手中接管几所大学，全心全意致力于清华大学的复校。他的恩师梅贻琦校长多次请他南行，他坚持留下，并告诉那些与他一样犹豫不定的人："我相信共产党也是要办学的。"

他倾尽一生致力于清华大学的发展，并为清华大学做出了巨大的贡献。在他成为普通教授之后，仍然在磁学和自然科学史方面做出了奠基性的贡献。《叶企孙画传》里有这么一段话：

> 境遇改变了，叶企孙对学生的教育态度和方式没有变，依然是在课堂教学之外与学生在日常生活中保持紧密联系，要求学生既重理论又重实验，严格依据科学精神办事，帮助学生了解自己，了解世界科学前沿，寻找最有利的成长发展方向，让学生感到"一朝受教，终身受益"。①

如果他心灰意冷，怎么可能与学生保持紧密联系？

如果他不严格依据科学精神办事，那就算不上科技界的宗师、教育界的泰斗了。

帮助学生了解自己，这不正是自我管理的起点吗？

了解世界科学前沿，为自己属于哪里做好准备。

让学生终身受益，做出真正的贡献，无愧于"大师的大师"这一称号。

在逆境中，叶先生仍然保持一个科学家的本色。真可谓一个人做一件好事并不难，难的是始终如一做好一件事。

在合作方面，清华大学理学院能够在10年内成为全国一流的学院、把"庚子赔款"的留学项目面向全国开放、栽培和破格提拔华罗庚、要求学生们尊称技工阎裕昌为先生的做法、把学生视为子女、帮助困难学生、让他们到家里住……这些点点滴滴的小事，无一不彰显出叶先生的光明磊落、虚怀若谷和真诚博爱的品格。

换作是我，我要怎样做、怎样想，才能够做到这样呢？

我想，我能问出这个问题，就是叶先生给我们留下的宝贵财富，引领我们与文明同行的例证。

---

① 储朝晖. 叶企孙画传. 成都：四川教育出版社，2016：222.

总的说来，叶先生的前半生，教我们如何做事；叶先生的后半生，示范我们如何做人。叶先生是知识社会的领路人、知识工作者的楷模。

纪念他，与文明同行，是为了让人类社会更加美好！

四、启示

人类即将进入知识社会，教育培养的人应该是持有"坚持做正确的事、把每一件事做对做好"价值观的知识工作者。如果教育培养不出这样的人，那么，很有可能像科幻电影里演的那样，人类最后的结局是坏人利用人工智能来毁灭人类。所以，学习叶企孙做理性文明人，就显得尤为重要。

管理学大师德鲁克的思想是，卓有成效是可以学会的，卓有成效是必须学会的。所以，我们不应该停留在决心的层面，而应在每一天做每一件事的时候，都要以知识工作者的标准来要求自己。

学习叶企孙做理性文明人、做一个知识工作者和创一流大学有什么关系呢？

当然有关系。一流大学最直接的标准就是培养出一流人才。一流人才的标准或标志是什么？20世纪的卢瑟福、爱因斯坦、玻尔和居里夫人等科学家都是我们学习的榜样。他们好奇心强，并且对真理心存敬畏；他们不会迎合权势，说违心的假话，写出明显违背科学规律的文章。

管理是关于人的，教育也是关于人的。学习叶企孙，能够帮助我们重新审视和评价如今的应试教育，以及以公平的名义让教育失去其基本功能的弊端。

学习叶企孙，就是要脚踏实地地去解决每一个具体问题。如果不解决这些问题，我们离一流大学的距离只会越来越远。

五、结语

学习叶企孙，究竟要学习什么？我认为可以归纳为以下三点。

一是，明确教育的目的是全人发展，而不是培养工具，更不是只顾着发文凭，成为敛财的手段。从社会发展的角度来看，教育还负有文明传承的责任。

二是，培养出来的全人，一定要具备科学的精神与态度，要对真理心存敬畏。这是做正确的事的前提，也是解决问题的基础。

三是，即使是做正确的事，也要重视方式方法。在大数据和无穷算力的今天，如何处理好人机合作，也是摆在我们面前的挑战。

学习叶企孙，就是要在三个方面努力实践：①做一个文明人，彰显人性的光辉（道）；②弘扬科学精神，坚持做正确的事（法）；③实事求是地做事，既然要做，就要把事情做对做好（术）。

按照以往的标准，这三个方面能有一方面的坚持，就已经算是很成功了。叶先生不仅三个方面都具备，而且给人以浑然天成的感觉。在我心目中，他是一位哲人、一位贤人、一位圣人。

所以，我希望并建议每一个有识文断字能力的人，都来学习并了解叶先生。

第三编
培育科学新人

像叶企孙那样做教育[①]

周文臣

当前学校教育中存在的突出问题，从学生的角度来看，是课程理解困难、厌学问题和心理问题所导致的浅层学习困境；从社会的角度来看，是学生的人格健康问题和由"钱学森之问"所彰显的教育产出的质量问题。叶企孙的教育实践与方法为我们提供了一个很好的参照与解决途径，其教育实践的核心是内行人引领下的个性化教育，能够最大限度地发挥学生的主体能动性，实现学生的实质性发展，是学生主体能动性发挥巨大作用的教育。

浅层学习困境在微观上表现为学生在学习上的浅尝辄止：没有目标感，没有学习动力，仅仅满足于做题、解题，对课程内涵的丰富性没有深度的理解；在结果上表现为"钱学森之问"所彰显的教育产出的质量问题。

如何破解？这是摆在所有教育工作者乃至所有家长、政府官员们面前亟待解决的问题。

事实上，对于浅层学习困境及其延伸后果的"钱学森之问"，破解之道早在九十多年前就有了，那就是：像叶企孙那样做教育！

[①] 本文为作者向 2023 年 7 月 16 日召开的一流大学与一流教育家暨叶企孙先生诞辰 125 周年纪念大会提交的文章，收入本书时内容有所修改。本文作者周文臣为临沂东夷书院高级讲师。

一、叶企孙如何做教育

从洋务运动开始,中国走上了现代化的转型之路,西式教育尤其是西方科学成为这一转型的主导方向。1912 年,中国的教育界连一个能接近西方前沿的科学家都找不到,系列的科学课程开发及科学教科书的编译都是由科学教育的外行人主持的,盲人摸象,不得要领。到 1913 年,夏元瑮主持北京大学理科课程改革,才发现核心难题乃是如何提高基础自然科学教育质量,对接西方基础自然科学前沿赛道。但夏元瑮没有条件破解难题,直到 1925 年叶企孙在清华大学创办物理学系,中国才真正开始在熟悉世界自然科学前沿进展基础上切实破解长期被搁置的科学课程改革核心难题。[①]

叶企孙的课程改革让中国在短期内便拥有了可以赶超西方科学前沿的一流科学研究中心和教育中心,并为之后新中国研制"两弹一星"培养了必需的基础科学人才。

因此可以说,叶企孙的教育实践,一方面,对中国的现代化进程发挥了实质性的关键作用;另一方面,对回答当下中国教育的"钱学森之问"提供了一个切实可用的破解之道。所以,叶企孙的教育实践,在今天仍然具有积极的现实意义。

叶企孙教育思想或行动纲领的核心,是内行人引领下的个性化教育,它以学生主体能动性的发挥为焦点,有效地促进和实现了学生的个性化发展。

(一)叶企孙教育思想的来源与基础

叶企孙教育实践行动纲领的形成有两个来源。

一是动力性来源。叶企孙对现代科学技术和国家强盛与发展之间的关系及作用有着清晰、明确的认识——他在 17 岁时就已经认识到,20 世纪的文明,是科学所赐之结果,没有自然科学的民族,决不能在现代文明中立足。所以,科学救国,既是叶企孙日后学习与成长的不竭动力,也是他教育实践的强大动力与使命。他在清华学校读书时就积极参与了科学救国的舆论宣传、科学普及和学生科学社团的建设与活动。

[①] 周勇. 叶企孙与中国科学课程改革核心难题. 教育发展研究,2020,(10):13-20.

正是科学救国的使命与抱负使叶企孙踏上了赴美留学、寻求救国之道的道路。1918年6月，叶企孙从清华学校毕业，随后去芝加哥大学学习，两年后（1920年）获物理学学士学位。同年9月，他进入哈佛大学，师从诺贝尔奖得主、高压物理学创始人和操作主义哲学的创始人布里奇曼攻读博士学位；先是在威廉·杜安教授的指导下与实验室的同学帕尔默（H. H. Palmer）合作用X射线测定普朗克常数，取得了当时世界上普朗克常数测量的最精确的数值；之后，在导师布里奇曼的指导下，开展测量流体静压力对铁磁材料磁化率影响的研究，并因此获得博士学位。

二是思想性来源。在芝加哥大学与哈佛大学的这两段学习和研究经历，奠定了叶企孙教育实践行动纲领的思想性来源和基础。

芝加哥大学创办较晚，是一所年轻的大学，它以开放、包容的精神接纳了德国洪堡大学和英国纽曼大学的两种办学理念。洪堡大学模式强调学院自治、科研与教学统一、学术自由三原则；纽曼大学模式强调以学生为中心，注重学生的个性发展、自由探究和思考能力与创造能力的培养。基于这两种模式，芝加哥大学很快就形成了一套独特的办学理念：第一，对真理的传播和对真理的探寻并重，即教学与研究合二为一，认定发现本身是教学的最高形式，因而需要拥有一批致力于积极创造、寻求发现新知识的专家；第二，培养更高学识层次的教师，培训高水平的专业人才，即强调学生拥有具体的专业知识；第三，获得新知识的自我引导能力和解决问题的能力；第四，有强烈的社会责任感。

在芝加哥大学两年的耳濡目染，让叶企孙深得芝加哥大学的教育精髓，拥有了日后开创中国科学教育事业辉煌发展的思想基础。

叶企孙去哈佛大学攻读硕士和博士学位时（1920—1923年），正值第22任校长阿伯特·劳伦斯·洛厄尔（Abbott Lawrence Lowell）主政。洛厄尔在1909接任后，在长达24年的任期内，使哈佛大学上了一个很大的台阶。他建立了"专业课和辅修课、主攻课和基础课"制度以及"导师制"，前者是在通识教育基础上的专业教育制度，是在综合素养具备的前提下所进行的个性化教育，最大限度地促进学生的个体发展；后者为每个学生选择一位教授作为导师，双方定期见面，讨论学习情况。

这种定期见面讨论的教学方式，是叶企孙后来在清华大学工作、生活的常态化行为，他以世界学术前沿的动态发展为话题，有效地开阔了学生们的知识视野，极大地激发了学生们的学习热情，也奠定了学生们各自努力奋斗的未来方向。

科学救国的使命感以及对芝加哥大学与哈佛大学教育理念的体验、结合和发挥，使叶企孙在主政清华大学物理系和理学院二十多年的时间内，形成了一个独特的教育实践纲领——内行人引领下的个性化教育，它最大限度地发挥了学生的主体能动性，促进了学生的实质性发展。

（二）内行人引领：建构在学科前沿领域有研究能力的教师天团

在叶企孙看来，科学教育的根本，还不是开设哪些课程和讲座，而是一定要有品行一流的教授来示范引领，让学生跟在后面学习，成为品行一流的基础科学人才。[①]

以内行人的标准来建设教师团队，成为叶企孙教育实践的首要任务。为此，他广揽人才，把建设第一流的师资团队作为头等大事来做，聘请造诣深厚的学者加入他主持的教师团队中，以内行人的角色实施对学生的教育和引导。他为数学系聘请了杨武之、熊庆来，为物理系聘请了吴有训、萨本栋、周培源、赵忠尧、任之恭，为化学系聘请了张子高、萨本铁、黄子卿、李继侗等顶尖科学家，这个强大的师资队伍堪称"教师天团"。

与这个强大的教师天团相对应，叶企孙还建立了与世界各地顶尖科学家的联系与交流，使其成为校内教师天团的外部延伸：一方面，他借助担任中国物理学会会长的身份，促成了一大批国际一流科学家成为中国物理学会名誉会员，如法国物理学家朗之万、C.法布里、F.约里奥-居里夫人，印度物理学家拉曼，美国物理学家密立根、R. A. 康普顿、A. H. 康普顿，英国物理学家布莱克特、W. L.布拉格、狄拉克；另一方面，他先后邀请工作在科学前沿的科学家来华访问，如 1934 年 I.朗缪尔到访，1935 年 P. A. M.狄拉克到访，1937 年玻尔到访。他们的来华访问和交流推进了中国与世界前沿的联系，引领了一时风气与浪潮，极大地活跃和激励了年轻人。

[①] 周勇. 叶企孙与中国科学课程改革核心难题. 教育发展研究，2020，（10）：13-20.

一时间，清华大学理学院的教师团队堪称中国当时最顶尖的教师天团。经他们的培育，涌现出了一大批名满天下的学界干将，如王淦昌、王竹溪、赵九章、彭桓武、钱伟长、王大珩、钱三强、何泽慧、钱学森、葛庭燧、杨振宁、李政道、林家翘……"两弹一星"功勋科学家中，约有一半人来自叶企孙门下。

100年前白马湖畔的春晖中学庞大的教师天团和叶企孙主持的清华大学理科各系的教师天团如今已成绝唱，"钱学森之问"所包含的问题之所以产生，或许这是一个重要的前因。

（三）个性化教育

有了强大的教师天团，如何推进具体的教育实践活动？概括而言，主要有如下几大行动纲领：因材施教，平等的人学观，自主学习，基础过硬、视野开阔。

1. 因材施教：基于生涯规划的个性化教育

1915年1月14日，不满17岁的叶企孙在日记中写道："读至鲁滨孙造船一节。鲁滨孙造船时，未预计造成后能否下水。故后虽造成，卒无下水之法，不免徒劳无功矣。孔子曰：凡事预则立。吾观于此事，信然。"[1]

由此可见，年轻的叶企孙已经在思考自己的未来，也正是因为此一信念，他在后来的教育生涯中成效甚巨。他善于了解学生的优势潜能所在，通过观察、聊天甚至是请学生吃饭等，叶企孙对每个学生的优势和不足有着非常清晰的了解，在把握了世界科技发展各个方向的前沿的基础上，他有效地帮助学生完成了明确的人生职业规划，踏上了成就卓然的成才之路。[2]

因材施教，基于生涯规划的个性化教育和个性化发展，是叶企孙教育实践的重要方法，它们有效地实现了学生主体能动性的发挥。

2. 平等的人学观：释放个体能动性的制度性保障

学生平等、一视同仁是叶企孙教育实践的一个重要特征。追求人的自由、平等、独立性、尊严与价值，强调健全人格的发展，即理性、德性与

---

[1] 叶铭汉，戴念祖，李艳平. 叶企孙文存（增订本）. 北京：科学出版社，2018：292.
[2] 储朝晖. 叶企孙画传. 成都：四川教育出版社，2016：10.

情感意志的协调发展，是释放个体能动性的制度性保障。在平等、互爱的氛围中，学生们心无旁骛，完全沉浸在对知识的学习、理解和对自然的探索之中。

3. 自主学习：主体能动性的自我实现

什么是好的教育？——系统地给学生自己发现事物的机会。这是150多年前课程论大师赫伯特·斯宾塞（Herbert Spencer）的自问自答，也是近两个世纪以来西方科学教育的精髓，其实质就是自主学习、自我教育。法拉第如此，爱因斯坦也如此；数学中的哥廷根学派如此，物理学中的哥本哈根学派如此，当代美国的各个著名研究机构也如此，甚至可以说，所有有大成就的人，都是懂得自主学习的人。

让学生自主学习、自我教育，叶企孙做到了。他经常鼓励学生自学，帮助学生选择适合自己的学习方式，进而令其找到学习的乐趣和方法。这样，每个学生都从被动的接受者变成了深度学习者，既对所学知识有了深度的理解，又在客观上形成了强有力的自信心。

帮助学生走向自主学习，是学生日后进入自主探索活动之前的必经之路，这样不仅培养了其志趣、理想、执着的精神和悟性，也提供了其能动性充分彰显的机会，最终使学生拥有了健全的人格，找到了安身立命之所。这是消解空心病、获得生命意义的有效途径。

4. 基础过硬、视野开阔：个性化发展中的质量观

因材施教、平等的人学观和自主学习是叶企孙教育实践中的战略与方法，具体到学生的个体发展、目标要求和质量评价，叶企孙强调要基础过硬、视野开阔。基础过硬，是指理论基础扎实，实验能力和写作能力过硬，不求多，但求精。视野开阔，一方面是指要对基本学科之外更加广泛的其他学科内容有所了解，这可以通过通识教育、科技与人文的融通来实现；另一方面是指要关注和追踪国际科学前沿，营造具有强感召力的氛围，形成对学生内在激情的激发和未来发展方向的选择的参照。

过硬的基础和开阔的视野，为学生们建构起极具感召力的生活场域，使学生在近距离的接触中，激发了内在的激情，找到了自己未来发展的方向。

二、像叶企孙那样做教育：条件及其可能性

为了破解学生的浅层学习困境和"钱学森之问"这两大难题，我们需要像叶企孙那样做教育。但是，叶企孙的教育实践以内行人引领为基础，以实现最大化的个性化发展为目标，这是一个巨大的系统工程，其实现条件在于多个层次的协同配合和同步推进。

（一）教育政策与管理层面

给予办学者充分的自主权，给予教师充分的自由，创设鼓励师生投身科学探索与发现的时空和机制，是建构教师天团的先决条件。

教师天团的建构不仅可以在大学层面进行，也可以在基础教育层面实施，100多年前白马湖畔的春晖中学就是一个很好的案例。

1921年，浙江省立第一师范学校校长、教育家经亨颐从苦心经营13年的浙江省立第一师范学校辞职，接受上虞富商陈春澜的邀请，在家乡上虞白马湖畔创办了私立春晖中学。

春晖中学地处乡村，又属于私立学校，不受制于当时的政府，也没有来自其他方面的压力，经亨颐的教育思想在春晖中学得以实施。

他以发展平民教育、培养有健全人格的国民为办学目标，推行教员专任、学生自治、教学自主、学制改革。这一独特的教育理念吸引了众多大师级的人物前来任教，一时间，群星璀璨，群贤毕至：朱光潜、朱自清、夏丏尊、李叔同（弘一法师）、丰子恺、于右任、刘董宇、张孟闻（中国生物科学史奠基人之一）。另外，蒋梦麟、蔡元培、张大千、叶圣陶、黄炎培、何香凝、陈望道、柳亚子、张闻天、俞平伯、吴觉农、吴稚辉等大家先后来到春晖中学，讲座授业。

（二）教师层面

好的教育除需要好的教育政策与好的管理政策之外，更需要建设一个高水平的教师团队，这就需要众多好教师。为此，就需要重新定义什么是好教师，尤其需要更新教师专业发展的内涵。在当下的教育体系中，教师的专业性被窄化为学科知识加上教育学、心理学的素养，导致在教师的专业化发展

评价中存在一个严重的误区：过于强调教学技能、工作态度方面的素养，而忽视了教师个人在某个专业领域的深度发展，其中，教师拥有学科前沿的知识和能力是不可忽视的一个重要方面。

在当下的学校教育体系，特别是基础教育体系中，教师的专业发展被一种工具性的价值要求限定在一个没有自我成长的范围内，没有多少人敢于把自己设想成为某个学科领域的探索者和创造者，广大教师在无形之中经历了一个无法抗拒的自我认命和自我矮化的过程，使自己完全变成了一个事实上的教书匠。

结果是，广大教师找不到精神皈依，没有成就感，没有溢于言表的激情，学生们得不到精神的感染，看不到做题之外的广阔天地，体会不到学科内部知识创造者在获得成果时的激情与兴奋，从而使学生失去了获得被感动和进而去热爱的机会，也失去了建构意义感和价值感的机会。这是一个亟须改变的教育现实。

所以，就每位教师个人而言，要像叶企孙那样做教育，既应当成为教育评价转型的重要标尺，又应当成为个体努力的方向。

（1）把握世界发展的历史、现状和未来趋势，以社会发展和民族自立为己任，打造教育者自身的使命感，为教学设计提供背景框架。

（2）占有一个学术领域，把自己从一个知识传播者变为知识传播与知识创造相结合的创造者，甚至拥有学科前沿的视野和研究能力，让学生感受到世界发展的宏观状况，从而为未来发展方向的选择提供指引和参照。

（3）在课堂之外，实施与学生的定期见面制度，通过交流，了解学生的兴趣、目标、优势和不足，开阔学生的视野，制订下一步的进阶计划。

（三）教学实施层面

人类社会的发展是政治文明和科技文明共同推动与不断创新的结果，人才与教育成为人类社会发展的基础和保障。

作为一个专业性极强的领域，教育已经步入制度化的时代，面对教育中存在的问题，以及为了有效地促进学生的健康成长，需要教育者们不断地努力和改进。叶企孙的教育实践表明，内行人的教育与引导和学生自身主体能动性的发挥，二者缺一不可。

内行人，既具有使命感，又对行业有着精深的理解和研究，甚至还能够产生新思想、新方法，制造新工具，是使学生获得过硬的理解力基础和开阔的视野的重要保证，也是善于发现学生的潜能和优势、激发学生的内在激情和动力的必要条件与能力基础。

在内行人的引领下，学生的学习方式需要进行彻底的改变——走向深度的自主学习、研究性学习和跨界学习。

（1）视野拓展。通过学生阅读、视频推介、讲座等多种形式，让学生了解社会、文化各领域，为寻找各自兴趣点做准备。

（2）确立每个学生的深度学习计划。首先，辨识学生的兴趣和优势，确立发展方向、目标和领域；其次，根据目标确立进阶计划，并尽量让学生进行"目标描述"和"路径描述"，为未来发展提供清晰的蓝图。

（3）建构心目中的英雄。了解领域中的主要贡献者，以他们为师，了解他们的成长、思想的发展脉络、主要贡献、所遇困境与未来前景期望。让他们的智慧、知识和经验，成为自己矢志前行的重要资源，从而帮助解决人在成长发展中的各种问题，助力健全人格的成长与发展。

（4）做中学。根据目标与计划进行深度学习和深度思考，从以"目标—达成—评价"为单位的学习程序，转变为以"问题解决—理解—参与"为模式的项目式学习、团队合作学习、多学科融合学习、问题导向式学习、人工智能辅助学习、体验式学习和探究式学习。

（5）成果展示。一方面，建立以学习共同体或班级为单位，以月、季度或学年为周期的课堂讨论会，定期展示学习成果；另一方面，采取多种形式（如墙报、月报、年刊、微信群）展示学习成果，发布相关领域的重要进展、未决问题与逸闻趣事。

三、让伟大事业的感召力引领教育

叶企孙教育思想或行动纲领的核心是内行人引领下的个性化教育，它以科学救国为动力，以科学技术的世界前沿为参照，根据国际发展的形势和国家发展的需要，引导学生进入相关的领域，以学生的兴趣激发和优势发展为切入点，以学生主体能动性的发挥为核心，以促进和实现学生的个性化发展为目标，实现个体兴趣、优势和社会发展趋势的完美结合。

发挥学生的主体能动性，走向个性化的发展，既是教育的目标，也是教育有效性的关键。

一个伟大的导师，总是能够发现学生的兴趣、个性与优势，善于激发学生的兴趣、理想和激情，激励学生提升意志力、执行力，确立发展目标、方向和领域，并根据目标确立进阶计划，建立一个以伟大事业的感召力为中心的氛围。

叶企孙，他做到了。他是一个时代的导师，是值得所有教育工作者认真学习的榜样！

像叶企孙那样做教育，虽任重道远，困难重重，但这是彻底解决浅层学习困境和"钱学森之问"的根本途径，通过各方努力，总会有所成就。至少在网络交流日益发达的今天，培养出一定数量的叶企孙式的教育者，在现实中是可能的。

北京师范大学附属实验中学科技教育的管理改进[①]

北京师范大学附属实验中学

说到北京师范大学附属实验中学（简称北师大实验中学），大家的关注点一定是"北师大"和"实验"这两个词：作为北师大的附校，学校在中小学基础教育领域能够得到北师大有力的专业支持；作为"实验"中学，学校具有"先试先行"、敢为基础教育改革实验基地的魄力。

在建校100多年的时间里，北师大实验中学一直秉承"以人为本，服务社会，追求发展、追求卓越"的办学指导思想，尊重学生个性，满足学生发展要求，使全体学生在生动活泼的教育教学活动中得到主动的、充分的发展，让学生在各领域充分发展，达到他们所能达到的最高水平。在学校"四会"（会做人、会求知、会办事、会生活）人才培养目标的指引下，一批批优秀的中学生从学校走上各专业领域，学校也先后获得"北京市全面育人特色学校""北京市教育科学研究先进校""北京市中小学科技活动示范校""科普教育基地"等荣誉称号。

随着国家定位和学生发展需求的变化，我们也一直在思考，作为在基础教育阶段提升青少年实践创新能力的科技教育，学校应该怎么做才能既满足

[①] 本文为北京师范大学附属实验中学向2023年7月16日召开的一流大学与一流教育家暨叶企孙先生诞辰125周年纪念大会主办方之一中华教育改进社提交的教育改进案例。本文执笔人：方秀琳，北京师范大学附属实验中学学生实践创新中心原主任、北京师范大学实验华夏女子中学副校长；参与者马静，北京师范大学附属实验中学学生实践创新中心副主任。

学生个体的发展需求，又能够为国家培养创新型科技人才？

一、科技教育≠科技竞赛教育

历史上，几乎所有学校科技教育的最初动力都是科技类竞赛，北师大实验中学也不例外。学生对科技竞赛奖项的追求，促使学校、学生和家长共同发动各种有效资源的作用，为学生在科技竞赛领域的成绩助力，学生通过科技竞赛的成绩，获得特长生资格，进入下一个学段的学习。

随着国家关于特长生政策的调整，从2019年开始，北京取消"小升初"特长生政策，并逐步在接下来的几年内取消"初升高"以及缩减高中升大学特长生招生政策，学校的科技教育突然遇冷。在学业压力下，学生和家长自然不愿意在非学科学习上投入太多时间，以科技竞赛教育为目的的科技教育失去了原有的意义与驱动。

实验中学的科技教育团队在冷板凳上惊喜地发现一个改变，即国家对学生实践创新能力的关注。根据国家的要求，学校可以通过设计，将科技类课程的学习从课堂延伸到课外，从日常教室延伸到博物馆、专业实验室，让学生从"以动脑为主"的学习方式拓展为"动手辅助动脑"的多样化学习方式。这种设计，能够让学校的科技教育去除急功近利的科技"竞赛"教育元素，回归到更纯粹的以促进学生实践创新能力为目标的科技教育。

这是北师大实验中学在科技教育方面一次重要的认识转变，对学校科技教育有了新定位。

二、科技学科教师≠专业的科技教师

历史上，北师大实验中学的科技教师的主要组成是主管学生活动的行政职员，重点负责协调学生的竞赛组织工作。新的科技教育定位，作为"科技类学科课堂学习的延伸"，科技教师队伍势必需要扩展到科技学科教师（简称学科教师），但在原有的条件下，教师团队扩展面临三个突出问题。

（一）专业领域急需培训拓展

学科教师，尤其是在中小学工作多年的学科教师，学科的聚焦点是中高考内容的研究，对于本学科本领域有什么最新研究成果、学科可以开展什么类别的实践活动、如何开展实践活动、可以协调哪些资源支持学科科技活动等问题，则相对没有足够的精力去了解。因此，在开展科技教师工作前需要专业的培训。

（二）团队管理方面经验欠缺

学科教师拥有一定的班级教学管理经验，但作为科技教师，学生的来源由同年级、同班级同学变成共同拥有同样科学志趣的不同年级学生，学生年龄不同，身心发展阶段不同，面对学生的教育和团队管理方式也与学科教学时期不同。同时，作为实践类课程，教师与学生的共处时间更长，讨论和交流的机会更多，这也让学生对教师有了类似于"导师"的期待，如何在团队中做好"导师"的角色，是转型成为科技教师的问题之一。

（三）额外工作呼唤成就感

学科教师自身已有教学的工作量，在繁重的教学任务之外再承担学校的科技教育，除教师自身拥有教育情怀外，还需要学校提供各种政策保障，以提升科技教师的成就感。例如，提高科技教师的收入，认可科技教师工作的重要性，在职称评定上予以政策倾斜，在学校荣誉评定中将科技教育作为选项之一，在教师外派培训中给予关注，这些都可以让教师在成为专业的科技教师过程中拥有动力。

三、完善管理体系，开启有力保障

2019 年，北师大实验中学开启机构改革，在以学部建设为中心的前提下，设置学生实践创新中心，为学生在科技、体育、艺术及实践创新教育方面提供有力保障。校级层面，由一名副校长直接负责中心业务。

学生实践创新中心人员由主任、主管、职员共 6 名行政人员，以及各科技、体育、艺术类实践团队教师组成。经过三年多时间的共同努力和调整，在全校范围内建立了适合学校的较为完善的科技教育模式。

（一）第一步，依据学生特点，丰富青少年科技研究院

过去，参与学校科技教育工作的群体仅限于参加科技竞赛的学生，学校为此成立了校级青少年科技研究院。但由于所选课题的学科方向和内容的不同，学生基本上处于单打独斗状态，没有团队的概念。与此同时，不属于研究院范畴的部分学生，由于有着共同的兴趣爱好，自发成立了学生科技类社团，邀请学科教师作为社团指导教师。但由于社团的"学生自发"特点，凝聚力普遍不强，社团活动效果一般。

学生实践创新中心意识到归属感和凝聚力对团队与学生发展的重要性，在充分调研北师大实验中学学生科技方面呈现的特点后，做出扩展青少年科技研究院的决定：调整原有的青少年科技研究院学员为一支科技类校级团队，同时吸纳发展较好的学生科技类社团，丰富青少年科技研究院的组成，形成多个科技团队共存、相互借鉴、在某些方面相互竞争的局面。

（二）第二步，改进管理制度，明确分工，完善团队运行机制

在形成多个科技团队的前提下，为进一步加强和规范团队管理，学生实践创新中心联合团队的指导教师，以专家引领、定期研讨、相互学习等方式，共同完善团队的管理制度。三年时间里，陆续形成了针对学生的招新制度、日常管理制度、评价制度、奖惩制度、档案管理制度，针对辅助力量的家委会管理制度，以及针对团队的团队晋级管理制度等。

这些制度的制定，经历了所有老师共同讨论的过程，使制度的类别更加全面，制度的内容得到进一步改进。同时，讨论过程本身就是团队形成共识的过程，老师们通过讨论，对队伍的管理更加专业和规范，也能够认识到管理背后的逻辑，真正认识到团队管理与学生发展的关系。

（三）第三步，搭建优质平台，多方合力助团队高水平发展

有别于课堂上的学科教育，科技教育的成绩没有最高限，师生的视野有

多大，学校科技教育的水平就能有多高。

学校重视对师生视野和格局的培养，从专业资源、交流平台、赛事运行等方面，主动链接教师、学生、家长、学校、社会五大教育主体，持续给予多方面的支持。通过与高校、博物馆、研究机构的合作，保障科技教育的专业性；通过与科技类企业、公司的合作，确定科技教育的社会服务性；通过与科学技术协会、少年宫、科技馆的合作，确定学校科技教育的方向性和知名度。"心有多大，舞台就有多大"，在各种优质平台托举下的科技团队，有着更强的社会责任感和更专业的发展方向，这为成为高水平团队奠定了坚实的基础。

（四）第四步，激发师生动力，营造互促氛围，形成良性循环

纵使将科技教育定位为科技类学科教育的课外延伸，也同样会存在学生和教师"专业倦怠"的情况，激发师生的动力，唤醒科技教育"教育者"和"受教育者"的情怀，是学校科技教育形成良性循环的保障。

教师的动力不外乎两个方面：学生的认可和自己专业领域的肯定。前者可以通过团队建设和学生教育做到，后者则需要学校为教师在科技教育领域搭建一系列的台阶，创造机会鼓励、引导教师成为领域内的专家，并在一定范围内帮助教师协调好与学科教学的关系。例如，将指导科技团队的工作等同于班主任经历；在职称评定中向科技教师政策倾斜；鼓励科技教师将指导课程集结成册作为校本教材，并邀请专家对教材内容进行指导完善，力争形成专著……

对于学生，则从团队和学校两个层面激发其动力。在团队层面，提倡教师不仅要做学生的专业教师，更要做学生全方面、全中学阶段发展的导师，引导学生在团队中形成友爱互助的温馨氛围，让学生愿意在团队中敞开心扉，愿意与团队共同进步；在学校层面，则为团队和学生提供不同场合、不同角色的展示交流平台，让学生在课堂外拥有不同领域的成就感，激励学生为自己的爱好和专长努力，培养学生的领导力和合作能力，进而形成教育的良性循环。

四、完善管理体系，开启有力保障

从"科技竞赛教育"到"科技教育"，从与学科教学"抢阵地"到成为学科教学的"有益补充"，从没有特长生的"被动改进"到基于学生发展考虑的"主动求变"，北师大实验中学的科技教育经历了三年多的改进，成效初显：形成了一定数量的科技教育团队，构建了科技教育初级系列校本课程，在校园中形成了良好的科技教育氛围，为学生发展创建了科技高水平路径。

在全校师生的共同努力下，学校的科技节、科普展示、科技沙龙系列活动成为学校的常态；学生在国内外各级别科技赛事中表现优异，2023年，北师大实验中学有6名学生进入国家队，与全国其他24名学生一起代表中国中学生参加国际科学与工程大奖赛（International Science and Engineering Fair，ISEF）；2020年，学校在已有"生命科学分团"的基础上荣获金鹏科技团"地球与环境分团"称号，成为金鹏科技双团校。

未来，学校将积极投身拔尖创新人才和科技教育特色人才实践探索，从教育理念、制度规范、师资配备、资源整合等方面全方位、多角度打造全新的育人模式，为每一个热爱科技的师生打造成就梦想的舞台，让他们在实验这片教育沃土上绽放出绚烂的科技教育之花。

健全保障机制 多元拓展科学教育[①]

王 萍

  科学教育是提升国家科技竞争力、培养创新人才、提高全民科学素质的重要基础。2023年5月，教育部等十八部门联合印发的《关于加强新时代中小学科学教育工作的意见》要求为了适应科技发展和产业变革需要，从课程教材、实验教学、师资培养、实践活动、条件保障等方面强化顶层设计，充分整合学校内外资源，推进学校主阵地与社会大课堂有机衔接，为中小学生提供更加优质的科学教育，全面提升学生的科学素质。

  为了响应国家号召，适应国家人才培养的需要，武汉市光谷第一小学秉承"真人教育"的办学理念，在科学教育中采取合作探究、多元拓展的教学策略，形成多方合力的机制，保证常态化全面落实科学教育教学工作，努力激发学生的好奇心、想象力和探求欲，引导学生自主获取科学知识、培养科学精神、厚植家国情怀，努力在孩子们心中种下科学的种子，取得了较好的效果。

---

  ① 本文在武汉市光谷第一小学向2023年7月16日召开的一流大学与一流教育家暨叶企孙先生诞辰125周年纪念大会提交的文章基础上修改而成。本文作者王萍为武汉市光谷第一小学校长。

一、统筹规划创造条件

学校领导高度重视科学教育工作，全面统筹规划，充分整合校内外资源，发挥教师与学生潜力，开展科学教育。

（一）成立组织保障科学教育

为养成和提升学生科学素养，武汉市光谷第一小学成立科学及科技教育工作领导小组，校长书记任组长，副校级及各中心负责人任组员。工作领导小组根据科学课程标准和育人目标，结合学校实际情况，统筹规划学校的科学教育工作。根据科学学科的实践性、开放性和探究性特点，学校将科技制作、创客活动、人工智能等与科学教育整合，凸显科学特点。

工作领导小组从规划开始，从师资团队建设、软硬件建设、课程开发和设计、活动开展等维度，精心筹划、科学安排，全力支持、久久为功，大力扶持科学教育，学校科学教育水平一年上一个台阶。2022年，学校在经费十分紧张的情况下，仍投资建设了虚拟现实（virtual reality，VR）教室，借助VR技术实现情境化学习。在小学科学六年级上册"杠杆的科学"一课教学中，教师利用VR技术，模拟出杠杆撬动物体的状态，让学生亲自"触摸"杠杆，并将物体撬动。如此，学生对教材中的阻力点、用力点和支点都有了具象化的认知，从而对杠杆的原理和具体使用方法的掌握也就轻而易举了。单调枯燥的课堂借助VR技术变得鲜活起来，学生对小学科学的学习兴趣大增，教学效率也随之提高。

（二）壮大师资结对帮学

学校有科学专职教师14位，科技、信息和劳动等学科教师10位，这个团队教师专业对口，专业知识扎实，在组内教师"传帮带"下，都能很快熟悉科学科技教育教学工作。在学校教研组集体备课、"青蓝工程"等结对帮扶举措下，每一位教师都能较好地承担各自的教学任务，而且一专多能，在人工智能、种养、木工创意坊等社团活动中担任指导老师，让社团学生受益匪浅，成为学校科学教育取得成效的师资保证。

二、立足课堂彰显特色

在科学课堂上，科学问题是教师贯穿整个教学的主线，教师通过一个个问题不断深入，引导学生自主学习、合作探究，从易到难地深入问题内部，尝试解决问题，达成"教学做"三位一体。

（一）体验情境化科学学习

科学是具有独特魅力的学问，《义务教育科学课程标准（2022年版）》指出，科学素养主要包括科学观念、科学思维、探究实践、态度责任四个维度，科学老师最重要的使命不是把现有的知识灌输进学生的大脑，而是发掘孩子们天马行空的想象力、自主探究的学习力和勇于实践的执行力。因此在课堂教学中，要突出实践性，强化体验感，引导学生开展探究，为提升科学素养奠定坚实基础。

例如，教科版小学科学五年级上册"地球表面的变化"这一单元，介绍地球运动主要包括由地壳和地幔运动引起的地震与火山，这些地球运动受到时间和空间等因素的影响，学生不可能亲身经历。而且由于是地球"内部"的运动，单凭肉眼无法看出，教师就利用交互式多媒体技术和VR技术，向学生展示模拟空间下的地球内部运动，让学生感受大陆板块之间的碰撞、分离和平移带来的地球变化等。模拟结束后，学生对地球运动有了深刻的了解，同时对各种地球运动造成的灾害的基本处理方法有了初步的了解和充分的想象。

小学科学涉及的生命科学、技术工程、物质科学等多领域都可依托最新的VR技术，实现混合式教学，利用虚拟真实情境的教学手段，打破时空的界限，实现VR技术与小学科学教学的深度融合，让学生的学习方式朝着信息化、科技化的方向前进。

与传统的教学手段相比，交互式多媒体技术改变了单调枯燥的课堂环境，克服了教师授课、学生做笔记的低效教学弊病，在感受、观察与思考中，保证了学生积极参与课堂教学、实现和谐的人机互动关系。这样的科学课让全体学生在"做中学"，在"问中思"，在"答中悟"，在不断求索的过程中锻炼科学头脑，发展科学思维。

（二）开辟种植基地的项目式学习

虽然学校场地狭小，但为确保学生实践参与和跨学科学习的效果，学校在校内开辟了劳动基地，将科学观察和劳动教育相结合，项目式推进，较好地助力科学目标的实现。在劳动基地种植活动中，学生自主参与，亲身体验松土、起垄、覆膜、种植、浇水、除草等全过程，学生在劳动与科学记录中，亲历植物生长的全过程，了解番茄、南瓜、茄子等农作物的特点和习性。这样做，培养了学生坚持观察记录的科学习惯，启发了学生对大自然的热爱和保护环境的意识。

（三）开发校本课程，提升学习兴趣

2019年1月至2021年12月，武汉市光谷第一小学科学组在市教育科学研究院和区教育发展研究院的指导下，进行了"基于人教·鄂教版科学教材的STEM[①]+案例开发"课题研究，形成了丰富的校本资源，拓展了学生的学习领域。

在科学组教师的努力下，武汉市光谷第一小学开发了基于STEM+理念下的小学科学拓展性课程，如张文娅、李瑞老师开发的小学科学拓展性课程——"种养希望""生活实验室"，黎舒雯、林雅琴老师开发的小学科学拓展性课程——"自然体验""制作校园自然笔记"，李梦婷、范聪老师开发的小学科学拓展性课程——"油菜花的秘密"。这些校本课程来源于校园，实践性强，极大地调动了学生主动探究的积极性。

---

① STEM 是科学（science）、技术（technology）、工程（engineering）、数学（mathematics）四门学科英文首字母的缩写。

三、强化"做中学"的主题研学

武汉市光谷第一小学地处光谷腹地,拥有丰富的高新科技优势,周边高校林立,高新企业众多。学校设法整合周边资源,依托"行走德育"这一品牌,把体验式主题研学和科学学习紧密结合,每个年度都会开展科学主题实践活动,为学生提供学习场域,在学生心中播撒科学的种子,拓宽学生的视野。

(一)探秘,重构学习方式

学校积极挖掘光谷本土地域的优质学习资源,开发"探秘光谷"主题课程,将光谷众多具有代表性的企业和场馆变成学生的快乐研学基地。华工科技激光科技馆、湖北省气象科普馆、烽火通信集团、湖北省科学技术馆等,都留下了孩子们探秘的身影……学生们通过前置性学习、趣味性体验、合作式探究、开放式分享等系列活动,用一个个创意无限的作品、一组组独具特色的报告、一幅幅寄托梦想的画作,重构学习方式,感受科学技术的神奇与奥秘。

(二)走读,厚植家国情怀

"走读武汉"主题课程注重培养学生的学习力、理解力、创造力。学校以学生生活的城市——武汉市为场所,引导学生在真实生活中参与、实践和体验,引领学生知识的自主建构与能力的内化提升。例如,到湖北省科学技术馆、武汉革命博物馆、中国地质大学逸夫博物馆、中国建筑科技馆等科技建筑场馆参观访问,让学生领略科学发展的前沿技术,感受硝烟弥漫年代革命战士的坚韧不屈,探究地球生命的进程与奥秘,在深入了解科学技术发展的同时,厚植学生的爱国爱家情怀。

(三)参与,增强多方互动

学校的诸多家长根据自身渠道拥有丰富的教育资源,学校可充分利用这一资源,采取"走过去""请进来"的方式,增强学习的互动性,提升学生的科学素养。2024年4月14日,部分学生走进国家脉冲强磁场科学中心,实地探索科学的原理。通过活动,学生了解了脉冲强磁场的相关科学知识,知道了脉冲强磁场的原理、作用及其在各领域中的应用。学生们还进入脉冲强磁场装置控制中心，了解每个实验室正在进行的实验。这些活动极大地激发了他们对科学知识的渴望。

四、营造引发兴趣的场域

沉浸式、体验式学习，能引领学生全身心地投入学习中，达到事半功倍的效果。为此，学校特别重视营造学习场域，以此激发学生的学习兴趣，提升学习效率。

（一）设立社团，养成科学活动归属感

围绕新课标，为提升学生的科学素养，激发学生的创新能力，培养学生的动手能力，武汉市光谷第一小学科学社团分别设立种养希望社团、科学创意工坊社团和模型制作社团。这是学生广受欢迎的三个社团，在培养学生科学思维和动手实践能力方面发挥着积极作用。

种养希望社团是以种养农作物为主的劳动性社团，致力于增加学生的植物养护知识和技能。科学创意工坊社团是提供实践机会和培养创新能力的社团，主要内容为科技制作活动，学校为学生提供了丰富的科技材料。模型制作社团是以手工制作各种模型为主题的社团，学生利用乐高、积木、小泥瓦匠等搭建如飞机、汽车、建筑物等各种类型的模型。

种养希望社团培养了学生热爱劳动、亲身实践、坚持观察记录的良好习惯，科学创意工坊社团培养了学生的创新能力和团队合作精神，模型制作社团培养了学生的观察能力和手工制作技能。这些社团为学生提供了动手、合作、平等相处、遵守规则的机会，让他们学到了更多有用的知识和技能，培养了动手能力，更重要的是激发了他们对科学探究的浓厚兴趣。

（二）打造科技长廊，环境育人

学校在教学楼一楼和二楼分别设置了科学科技展示长廊。一楼的珊瑚岛、迷宫格等主题展示，将劳动与科学常识、美术等整合，学生可以在耳濡目染中学习科学知识;二楼摆放的超星阅读器,涵盖文学、科学等各类知识的电子文本,学生随时可以自主开展科学科技常识阅读。良好的校园科创文化,在孩子们心中播下了科学的种子。

(三)创新实践活动,激发兴趣

跨学科活动能有效培养学生的综合能力。学校通过创设跨学科的校园生活情境,激发学生的创造热情,在真实情境中发现并解决问题。例如,学校科学组老师因地制宜,巧妙地利用教学楼前的花坛,在五年级开展了"园林院子计划——我是小小工程师"活动。学生化身工程师,开始勘察地形,观察土质,构思庭院主题并进行景观设计,列出施工进度表,而后依照原有设计及进度安排进行工程建造。微缩庭院完工后,派出项目代表进行解说,并由大众评审进行评分。在项目的各个环节,适时地融入语文、数学、道德与法治、科学、美术等学科内容,让劳动课程与德育、智育、美育等其他育人课程有机融合,打造系统科学的学科融合式的劳育课程体系。

(四)主办科技节,展示个性

学校与安徽力瀚科技有限公司等第三方合作,开展主题科技节活动,鼓励学生开展创新性的科学实验和项目,沉浸式地体验科技发展带来的生活变化,培养他们的创造力和解决问题的能力。一年一度的科技节成为展示学生科学才华和创新能力的重要平台。

学校针对不同年龄段学生对科学的理解和能力差异,为各个年级确定了不同主题。比如一年级的学生是画科幻画,他们从儿童的视角,用梦想之笔画出了人类未来的生产和生活场景,呈现出自己对未来科学发展的畅想和无限展望。

在二年级开展"飞翔的纸飞机"活动,学校把科技节与应急纸飞机活动结合,掀起纸飞机活动高潮。一架架凝聚着孩子们创意和智慧的纸飞机,在空中画出一道道悠长的弧线,引得全场欢呼。小小的纸飞机蕴含着大大的科学想象,承载着孩子们的期待和向往,飞出了快乐与梦想。

在三年级举行的"搭高塔比赛"、四年级举行的"魔方大赛"、五年级举行的"纸桥承重比赛"等,为学生搭建了一个全面发展和积极参与科学学习的平台,以此激发学生的科学兴趣,培养他们的科学思维能力,提高他们的实践能力,培养他们的团队合作精神,提高他们的自信心。

学校高度重视科学学科与科技制作工作,提供卓越的教育资源和情境化、沉浸式的教学环境。近年来,学校师生在科学及科技类竞赛中屡获殊荣,包括全国中小学实验教学说课一等奖、基础教育精品课省级一等奖、全省中小学实验精品课省一等奖等。学校在参与课题研究、撰写学术论文方面也成果颇丰,"基于人教·鄂教版科学教材的STEM+案例开发"为"十三五"课题子课题项目,论文《〈食物在口腔里的变化〉一课教学分析》也发表在国家级期刊《新课程教学》上。

学生参加各级比赛,屡获殊荣:参加头脑奥林匹克获武汉市二等奖,参加"北斗杯"全国青少年空天科技体验与创新大赛获全国一等奖,参加全国青少年劳动技能与智能设计大赛获国家级荣誉6项、省级荣誉8项。

学科建设成绩突出。例如,2020年武汉市光谷第一小学在线科学课程开发工作获得武汉电视台报道;2020年的线上学科周、科普讲座等活动,2021年的"厨房里的春天"种养节、春种计划等活动受到广泛关注。

为培养和提升学生的科学素养,武汉市光谷第一小学把夯实课堂教学与校本研修相结合,采用合作探究式教学策略;打造校园内的学生实践基地,把知识学习与动手实践相结合;利用学校周边的优势资源,依托最新科技,关注多元拓展实践,引导学生去寻找现象背后的本质;推进学校教学与社会大课堂相结合,借助学校项目式学习、体验式科技节等实践活动,将科学课堂向自然与社会延伸,从而让学生爱上科学;真正践行学校"真人教育"办学理念,为学生们提供优质的科学教育,以达成全面提升学生科学素养的育人目标。

科学教育机制与项目化学习融合协同育人[①]

孙　宁　华宝玲

河北保定师范附属学校（简称保师附校）针对当前中小学科学教育中存在的"科学教学忽视对学生高阶思维能力培养的应试倾向""拔尖人才培养学段不贯通""校内外科学教育资源不足，使用效益不高"三个问题，以培养创新素养为导向，遵循系统优化、资源集成和统筹联动的总体思路，立足学校课堂和社会大课堂融合，积极盘活、系统集成各方科学教育资源，以项目化学习，整体构建学校"科学+"协同育人链，培养"高洁挺立社会，服务国家民族"的时代新人。

一、设计协同各方的科学教育机制

建立学校内外协同的科学教育机制是全面推进科学教育的基础。

（一）形成"四位一体"育人机制

建立"党委领导，学校主体，社会支持，学院治理""四位一体"的管理模式，健全保障机制。党委将科学教育列为重大议事清单，每半月进行一次

---

① 本文为河北保定师范附属学校向 2023 年 7 月 16 日召开的一流大学与一流教育家暨叶企孙先生诞辰 125 周年纪念大会提交的文章，这里收入的为在所交文章基础上修改的文稿。本文作者孙宁为河北保定师范附属学校校长，华宝玲为河北保定师范附属学校科学教师。

专题研讨。学校将科学教育纳入"'十四五'教育发展规划"年度工作要点，成立张玉奎科学研究院，聘请老校友张玉奎院士为科学校长；聘请河北农业大学教授孙建设，长城汽车股份有限公司技术中心副总经理李书利，河北京车轨道交通车辆装备有限公司党委副书记、总经理钱兆勇为科学副校长；聘请驻保定高校教授导师、企业技术人员为科技辅导员。"四位一体"形成合力，全方位、多层次地确保学校科学教育科学布局、均衡发展与率先领先。

（二）融合联动，完善进阶贯通一体化设计

推动"请进来""走出去"有效联动，基于学校课堂和社会大课堂，设计了"四段三层"课程体系。1—2年级段启动"种子计划"，护养科学兴趣；3—5年级段开展"雏鹰计划"，濡养科学情趣；6—8年级段实施"英才计划"，遴选对科学研究有兴趣的学生进入少年科学院，培养科学理趣；9—12年级段实施"未来院士计划"，让学生"在科学家身边成长"，涵养科学志趣。每学段课程分基础类、拓展类、研究类三层，以菜单自选方式供学生自主选择。聘请美国专家在线开展STEAM[①]教育，"普育+拔尖""课内+课外""综合+特色""日常+竞赛"，全方位激发学生科学创造活力。

（三）系统推进，形成校家社协同育人机制

把科技馆、博物馆、高校及科研院所实验室等纳入科学教育社会课堂阵地集群，形成"保师附校学生科学教育社会资源清单"。由张玉奎院士领衔，组织实施"院士进校园"重点项目，培育保师附校特色科普品牌活动。与长城汽车股份有限公司、京车集团、华北电力大学、河北农业大学共建实验室，实行"驻校科学家"项目。以项目化主题学习为主要学习方式，建立学校工作坊、社区工作坊和家庭工作坊，以探究实践为核心，通过挑战性任务创设、主题式内容设计、学生深度参与、修正完善解决方案、收集和获取证据、验证方案并得出结论，做中学、用中学、创中学，引导学生像科学家一样研究问题、像工程师一样解决问题，成为适应未来的创新型人才。建立社区学院，

---

① STEAM 是科学（science）、技术（technology）、工程（engineering）、arts（艺术）、数学（mathematics）五门学科英文首字母的缩写。

开展科学教育"三件套"活动,即面向科学教育的家庭教育指导、读书和动手实践研学活动,培育时代新人。

(四)全纳帮扶,形成区域推进新格局

将科学教育项目和有形资源重点向集团内阜平、涞水、雄安新区等 9 个校区倾斜,建立保师附校教育集团"科创联盟",开展寒暑假科创营地活动,惠及 2000 余个建档立卡家庭。阜平白河分校"未来之树"课程体系获教育部学校规划建设发展中心"创新成果奖"。

二、融合 STEAM 教育的项目化学习

通过 STEAM 项目式学习,基于项目、活动及问题的学习情境,在实践操作过程中进行产品的研究、设计和开发,帮助学生不断提高科学素养和解决复杂问题的能力。

这里以开设生物校本选修课程——"设计生态学校的未来模样"项目为例进行讨论。该项目的目的是让学生科学地认识生态系统,建构生物学重要概念,提高创新思维和问题解决能力,增强社会责任感。

为此,要充分利用科学、技术、工程、艺术和数学等相关知识和技能来帮助提升素养,让学生主动参与到项目中解决实际问题,培养学生自主学习、合作学习、动手实践和科学探究的能力。[①]

1. 项目确立的情境

争当"未来学校设计师",一起来设计生态学校的未来模样。

2. 项目活动的内容

通过学习生态系统的相关内容,优化未来学校设计图中的生态系统部分。经小组讨论后,每组由一位同学作为代表上台展示"未来学校"的设计理念和设计思路。全体同学进行投票打分,评选出"金牌设计师"和"最佳设计方案"。

---

① 张志祥,王颖,赵沛荣. STEAM 视野下生物学学科核心素养培育的"项目式"实践探索——以"校园植物资源的调查与应用"为例. 中学生物学,2020,36(2-3):127-129.

3. 项目活动的目标

（1）科学层面。①通过实地调查、自制并分析生态瓶，运用稳态与平衡观、物质与能量观等生命观念来解释生态系统动态平衡的原理，认同生物的多样性和统一性。②通过生态瓶出现的问题和遭到破坏的生态系统等实例分析，阐明生态系统的自我调节能力是有一定限度的。以此让学生认识到人与环境是密不可分的，从而树立环境保护意识，形成热爱生命、人与自然和谐共处的基本观念。

（2）技术层面。①通过查阅生态系统的相关资料，搜集、处理和加工信息，掌握科学探究的基本思路和方法；②通过学习生态系统的知识，运用专业术语描述生态系统的概念、组成、类型和功能。

（3）工程层面。①通过制作和展示生态瓶，充分考虑影响生物生存的多方面因素，逐步形成主动探究、团结合作、勇于创新的品质；②通过让自制生态瓶自动运行活动，综合运用科学、技术、工程、数学等知识和技能解决实际问题。

（4）艺术层面。①通过确定绘画对象、角度和表现手法，充分考虑未来学校建筑绘画和艺术美，不断提升绘画技巧；②通过设计生态学校的未来模样，实现对生态系统原理的迁移与应用，彰显人与自然和谐共处的艺术性。

（5）数学层面。①通过构建生态系统的能量流动模型和物质循环模型，运用模型与建模的方法探讨问题，总结并描述生态系统的功能；②通过探讨项目开展过程中的问题，通过归纳与概括、比较与分析，运用逻辑思维解决问题。

4. 项目的实施及成果

项目总体设计：共计 12 课时。

项目主题：探秘生态系统。

学情分析：经过"探秘生态系统"第一课时的学习，学生已对生态系统中的生产者、消费者、分解者和无机环境有了较为清晰的认识；植物的光合作用也已在八年级上册进行了深入的学习，已知光合作用物质和能量两方面的转换，学生的这些知识储备有助于理解生态系统中的物质循环和能量流动。

重点和难点：①物质循环和能量流动是生态系统的主要功能；②阐明生

态系统中的自我调节能力是有限的。

教学过程：略。

项目成果：基于项目的 STEAM 学习成果，设计实现类成果、论证解释说明类成果。设计实现类成果有自制生态瓶、未来学校设计图、未来学校模型等；论证解释说明类成果有未来学校生态系统介绍书、未来学校设计方案、演示/口头报告等。

三、成效与反思

本项目化学习的实施过程融入了 STEAM 教育理念，通过线上线下的混合式学习模式，促进学习真实自然地发生。该项目的驱动性问题来源于真实生活。争当"未来学校设计师"，将学生生活的环境作为学生学习的真实情境，这样的项目让孩子回归现实生活，注重学习与实际生活之间的联系。在项目真实的学习情境中，赋予学生真实的生活角色——"未来学校设计师"，在项目实施过程中，学生组建团队，产生真实身份的代入感，根据自己的角色，发展出必要的知识和技能。

通过整体机制建设，第一，节省了教育经费；第二，场馆资源解决了科学教育的场地问题；第三，解决了专业的高端师资问题，确保了科学教育内容的专业性；第四，为不同学段学生提供了更全面和丰富的科学教育体验，满足了学生需求，实现了"小学—初中—高中—大学—社会创新人才"的贯通培养；第五，校企合作实现了企业社会价值的最大化，培养了学生对科学的兴趣，使他们立志长大成为献身报国的科学家。

附 录
媒体报道选

瞩望一流大学与一流教育家，为科教兴国夯实根基[①]

教育改进社员村

    2023 年是为中国现代科学和教育做出巨大贡献的杰出教育家、科学家叶企孙先生诞辰 125 周年，7 月 16 日，西交利物浦大学、中华教育改进社、中国教育三十人论坛在苏州市工业园区的西交利物浦大学国际商学院举行一流大学与一流教育家暨叶企孙先生诞辰 125 周年纪念大会以示纪念，并为当下备受瞩目的科学教育寻求新解，为科教兴国战略实施夯实根基。

一流大学与一流教育家暨叶企孙先生诞辰 125 周年纪念大会参会人员合影

---

① 本文于 2023 年 7 月 18 日刊发于微信公众号"教育改进社员村"，收入本书时内容略有修改。

中国教育科学研究院研究员、《叶企孙画传》的作者储朝晖在开幕致辞中说，纪念叶企孙先生完全是应当下对科学教育、一流大学和教育家的急需，从叶企孙身上可获得独特而又十分珍贵的启示。

储朝晖做开幕致辞

在纪念大会上，大家回望和缅怀了叶企孙先生对中国现代教育和科学事业发展做出的巨大成就、贡献与无私的奉献精神，围绕一流大学建设、优秀教育家特质、科学教育的有效开展等议题展开探索，尽情畅谈，来自全国各地的一百余人参会。

北京大学原常务副校长、叶企孙先生的学生王义遒教授就当今建设一流大学可从叶企孙那里学什么发表了切身感受，阐明了叶企孙重质不重量、强调基础、注重实验、教学与科研并重、延聘名师的办学思路以及实事求是、严格严谨的学风。他强调，建设一流大学需要学习叶企孙先生的家国情怀，矢志科教兴国，使国家民族在地球上立得住脚，为世界科学文明做出更大贡献。

北京大学原常务副校长王义道教授发言

上海大学和上海师范大学原校长杨德广教授以叶企孙为例，围绕着力造就拔尖创新人才得出"精英之才育英才"的结论，强调叶企孙的战略眼光、慧眼识珠、不拘一格、起用大师在培育英才中的作用及对当今的启示。他认为，伟大的精英人才才能创造伟大的时代，建成伟大的国家。

上海大学和上海师范大学原校长杨德广教授发言

科学出版社原副总编辑、中国科学技术大学科技史与科技考古系兼职教授胡升华以叶企孙在清华大学物理系的教育实践，揭示出大学如何从一般走向一流的奥秘。他认为叶企孙获得成功最重要的因素是他的人品和操守有着巨大感召力与教化作用，他卓越的科学素养和学术视野能够在学科发展关键时候发挥正确的引导作用。

科学出版社原副总编辑、中国科学技术大学科技史与科技考古系兼职教授胡升华发言

储朝晖依据多年的研究认为，20世纪初，叶企孙等科教先贤虽然没有使用"科教兴国"一词，但他们显然开展了一场广阔、深入、成效卓著的科教兴国行动，叶企孙是其中执着的实施者，而且实施效果极为显著。叶企孙曾经掌握并有效使用过科教兴国的规律性机制，并为科教结合振兴中国做出了举世公认的杰出贡献，取得了无可比拟的成就。有效实施科教兴国战略必须依据其历史累积特征，既创新也传承。从叶企孙等众多科学教育先贤那里寻找到中国实施科教兴国的密码，并运用于实践，才能更加高效地实现科教兴国的目标。

中国教育科学研究院研究员、《叶企孙画传》作者储朝晖发言

西交利物浦大学执行校长席酉民教授以《数智时代的教育——面向未来的西浦国际化教育探索》为题,从数字化、国际化视角阐述了西交利物浦大学的实践探索。

西交利物浦大学执行校长席酉民教授发言

北京师范大学洪成文教授以国际高等教育丰富的实例和与会者分享了一流大学与一流学科建设鲜为人知的经验。中国科学院苏州纳米技术与纳米仿生研究所原书记刘佩华研究员以三位中国科学家为例，对科学精神进行了具象阐释，分享了对托起祖国强盛的人的理解。清华大学校史馆副馆长金富军研究员以史实阐明了叶企孙思想与功业永存。

江南大学教育学院王文礼教授、上海交通大学生物医学工程学院及个性化医学研究院辛玉芳博士、华中科技大学教育科学研究院刘长海教授、陕西师范大学冯用军副教授、临沂东夷书院教务长周文臣、淮阴师范学院兼职教授许军、上海外国语大学附属学校储东亮老师等在大会上宣读了论文。马鞍山师范高等专科学校牛志奎教授、浙江工业大学公共管理学院党委副书记徐吉洪副研究员、无锡学院匡辉教授先后主持大会。

北京师范大学洪成文教授发言

瞩望一流大学与一流教育家，为科教兴国夯实根基 | *171*

中国科学院苏州纳米技术与纳米仿生研究所原书记、研究员刘佩华研究员发言

清华大学校史馆副馆长金富军研究员发言

江南大学教育学院王文礼教授发言

上海交通大学生物医学工程学院及个性化医学研究院辛玉芳博士发言

华中科技大学教育科学研究院刘长海教授发言

陕西师范大学冯用军副教授发言

临沂东夷书院教务长周文臣发言

淮阴师范学院兼职教授许军发言

上海外国语大学附属学校储东亮发言

中华教育改进社副理事长牛志奎教授主持会议

浙江工业大学公共管理学院党委副书记徐吉洪副研究员发言

无锡学院匡辉教授发言

"科学教育大家谈"圆桌论坛由河北省创新教育学会副会长吴红军主持，首都师范大学白欣教授，中国科普作家协会专委会主任、高级工程师薛进，武汉市光谷第一小学夏梦琼，合肥市行知学校副校长周向荣，上海学点教育科技执行董事官（CEO）梁昌年博士，北京永载文化有限公司总经理罗亭，河北保定师范附属学校华宝玲展开了精彩的讨论，共同探讨了科学教育的问题与有效路径。

"科学教育大家谈"圆桌论坛现场

中华教育改进社秘书长金春梅老师做闭幕致辞

会议为参会者展示了科学教育、一流大学建设新的视野、思路与方法,是弘扬叶企孙精神、发挥叶企孙先生科学及教育思想有效实施科教兴国战略的新起点。

一流大学与一流教育家暨叶企孙先生诞辰 125 周年纪念大会在西交利物浦大学举办[①]

领导与教育前沿院

2023 年 7 月 16 日，值叶企孙先生诞辰 125 周年之际，西交利物浦大学、中华教育改进社、中国教育三十人论坛在西交利物浦大学共同举办一流大学与一流教育家暨叶企孙先生诞辰 125 周年纪念大会，回望和缅怀叶企孙先生对新中国教育发展的巨大成就、贡献与无私的奉献精神，围绕一流大学构建、优秀教育家特质等话题展开探索和畅谈。

会议围绕"一流大学与一流教育家""叶企孙与科学精神""一流大学与科学精神"三大主题向社会公开征集论文投稿，并邀请来自清华大学、北京大学、中国教育科学研究院等知名高校和机构的多位教育领域的专家学者，与来自全国各地的近百名参会者一起，以主题报告、圆桌论坛等形式共忆叶企孙先生精神，同话教育未来。

---

① 本文于 2023 年 7 月 9 日刊发于微信公众号"西浦 ILEAD"，收入本书时内容有所修改。

一流大学与一流教育家暨叶企孙先生诞辰125周年纪念大会参会人员合影

中国教育科学研究院研究员储朝晖为本次会议致辞,他说:"叶企孙先生是在教育和科学领域贡献巨大的教育家。在他125周年诞辰之际,希望借这个会议表达对叶企孙先生的缅怀,集体向叶企孙先生学习,传承叶企孙先生的精神。"

中国教育科学研究院研究员储朝晖为会议致辞

"西交利物浦大学以探索教育为使命,聚集不同的教育者来到西浦,共同探讨教育变革的新模式。"西交利物浦大学执行校长席酉民教授在会议致辞中说道,"2022年我们发起了'寻找新时代中国杰出教育家'的活动,促进中国教育的探索和变革。叶企孙先生是一位真正的教育家,我们很荣幸能举办这次会议。"席酉民教授谈道:"在这个共享、共生的数智化时代,知识传授性教育价值迅速衰减,素养教育日益重要。未来教育一定是全民教育,具有个性化、兴趣导向、终身学习、融合式、人工智能支持的特点,大学需要通过知识深度和高度的构筑帮助学生成长,并突破校园、走进社会和产业共同构建融合式的育人模式。"

西交利物浦大学执行校长席酉民教授发言

北京大学原副校长王义遒教授回顾了当年和叶企孙先生共同工作的经历,并讲述了叶企孙先生的为人、办学思路与做法、家国情怀等。"叶企孙先生坚持'理论与实验并重,重质不重量'的办学主旨,倡导实事求是、严格严谨的学风,呼吁学校延聘名师,根据每个学生的能力因材施教。"王义遒教授总结道:"叶企孙先生在教育建设方法上给了我们重要启发。在战术上,学校应将课程设置、教学内容与科研成就并行并重;在战略上,着重培养各方面的领军人才,实现科技与文化、制度的创新。"

北京大学原常务副校长王义遒教授发言

"叶企孙先生没有留下什么宏伟巨作，没有什么豪言壮语，也没有当过高官要职，但他在培养拔尖创新人才方面是我们教育者的榜样，是大师中的大师。"上海大学和上海师范大学原校长杨德广教授从多个角度重点论述了叶企孙先生的育才之道。他谈道："我们应该学习叶企孙先生，把大师育人作为头等大事，全心全意为教学、学生服务，为教学科研服务，将学生培养成拔尖创新人才。"

上海大学和上海师范大学原校长杨德广教授发言

中国科学院苏州纳米技术与纳米仿生研究所原书记、研究员刘佩华介绍了汪德昭先生、钱三强先生、葛庭燧先生这三位填补了中国科学技术巨大空白的科学家，其中钱三强先生、葛庭燧先生两位科学家是叶企孙先生的学生。

她说："老一辈科学家都在实实在在做科研，将科研成果写在了祖国大地上。希望越来越多的教育者继续弘扬科学家精神，为国家培养更多的人才。"

中国科学院苏州纳米技术与纳米仿生研究所原书记、研究员刘佩华发言

北京师范大学洪成文教授表达了对叶企孙先生教育成果的敬佩，并基于其建设一流大学的思想探讨了国际视角下如何建设一流大学的话题。"我们学习一流大学的建设经验时要抛开常规思维，寻找其隐性的技术和套路。我们不仅要看经验，更要看教训。建议一流大学与一流学科要剖析自身的核心竞争力，并重视二级学院的功能，让学院发挥充分的学术自主权和决策权。"洪成文教授呼吁在保护好专家学者的时间，要减少填表、评估和挂职，让一流科学家和教育家专心做教育、做科研。

北京师范大学洪成文教授发言

科学出版社原副总编辑、中国科学技术大学科技史与科技考古系兼职教授胡升华围绕叶企孙先生的家庭背景和教育背景，介绍了他是如何在父亲的教导中形成了求真务实、廉洁自律的品德的。"一所学校从一般走向一流，需要稳定的经费支持和良好的社会环境。同时，教师的教育理念和教育方法也起着关键作用。叶企孙先生获得成功的重要因素在于他的人品和操守有着巨大感召力，他像一块磁石一样，吸引着学生和他一起做学术、搞研究。"

科学出版社原副总编辑、中国科学技术大学科技史与科技考古系兼职教授胡升华发言

中国教育科学研究院研究员储朝晖强调了科教兴国战略的重要性，并回顾了叶企孙先生在科教兴国中的巨大贡献。"叶企孙先生通过中国科学社驻美分社的成立，深度融入了科教兴国行动。他创立了中国物理学会，引进国内外的物理学前沿成果；他主持了公费留学生考选，加速了中国科技的发展步伐；他建设了清华大学特种研究所，致力于发展卫国尖端技术；他还出任过中央研究院总干事，为全国学术前途做出了贡献。"储朝晖研究员呼吁教育者传承科教兴国的精神，持续寻找实现科教兴国的密码。

中国教育科学研究院研究员储朝晖发言

华中科技大学教育科学研究院刘长海教授强调了新时代中国特色世界一流大学学风建设的重要性和框架构建。他说："大学学风是一所大学的学生在学习方面具有趋同一致性的综合表现。在新时代中国特色世界一流大学学风建设中，应该引导学生形成为中华民族伟大复兴而勤奋学习的学习目的观，以德智体美劳全面发展和学术创新为学习本质观，以广泛学习有价值的知识为学习内容观，坚持理论联系实际的学习方法观，养成良好的学习习惯。"

华中科技大学教育科学研究院刘长海教授发言

清华大学校史馆副馆长金富军研究员回顾了叶企孙先生的杰出成就和对清华大学的重要贡献。他说:"作为一位杰出的教育家和学术导师,叶企孙先生在清华大学任职期间积极参与制定留美公费生考试规程和计划,为选拔、培训和派遣优秀学生赴美留学做出了重要贡献,也积极推动清华大学所系分离体制改为所系合一体制,促进教学与科研的深度融合。叶企孙先生的努力使得学校能够更好地适应时代需求,提升了清华大学的学术声誉和国际竞争力。"

清华大学校史馆副馆长金富军研究员发言

"麻省理工学院新工程教育转型计划的核心价值观分为项目化学习、多样性和包容性、热情和兴趣驱动、态度和技能,以及沟通。该价值观贯穿于工程教育转型的方方面面,旨在培养学生满足社会需求。"江南大学教育学院王文礼教授详细介绍了麻省理工学院新工程教育转型计划的价值观、课程链和原则。他说:"该计划强调学生需求,加强了学生理论与实践的融合性,注重跨学科培养学生和以项目为中心。这样的理念和实践代表了全球高等工程教育的新趋势,我国高等工程教育可以从中借鉴经验。"

江南大学教育学院王文礼教授发言

上海交通大学生物医学工程学院及个性化医学研究院辛玉芳博士探讨了一流大学学院与研究院的共生互动关系。她表示："科技的飞速发展和知识生产模式的转变催生了跨学科研究的需求，而一流大学内部的学院和研究院的共生则是一种制度创新的回应。我发现，在这种共生互动中存在着人员流动、资源共享和组织架构等方面的困境。"为解决这些问题，她提出了构建共生互动关系模式："这次大家因为对叶企孙先生的崇敬而聚集在一起，又有不同的行政策略进行互相支持，这其实是大行政和大组织的一次完美结合。在构建共生互动关系模式时，我们需要进行进一步的探索，寻找跨学科研究的最完美的模式。"

上海交通大学生物医学工程学院及个性化医学研究院辛玉芳博士发言

"我们距离我们心目中的一流大学还有一段距离,需要继续努力。"陕西师范大学冯用军教授针对中国现代化背景下寻找下一轮"双一流"大学评价体系提出了重要建议,"在中国式现代化的新时代背景下,'双一流'大学评选标准不能奉行拿来主义,我们要科学构建具有中国特色、世界一流的大学新分类评价框架和'双一流'大学新评价标准体系,这是一项以高等教育界为中心的重要任务,也是解决'卡脖子'工程和关键共性技术的关键。"

陕西师范大学冯用军教授发言

淮阴师范学院兼职教授许军基于小学科学教师队伍的教育培养背景及现状,提出了一系列措施,旨在提高小学科学教师的科学核心素养,以满足国家培养创新型拔尖人才的需求:"我们首先要精选育人课程体系,突出培养学生素养。其次需要创新教学理念,增强学生的探究意识。最后利用在线学习平台,创新培养协同机制。"

"学校教育存在学生学习困难、厌学问题以及学生人格健康问题和教育质量问题。这些问题的共同原因是个体能动性的缺失。"临沂东夷书院教务长周文臣深入剖析了当代学校教育的困境,倡导学习叶企孙先生对学生的因材施教。他说:"统一的教育评价、单向性的课堂交流抑制了学生个性才能的发展。我们应建立具有使命感的教师团队对学生进行因材施教,在学生巩固扎实学科基础知识的前提下,推动学生自主学习。"

淮阴师范学院兼职教授许军发言

临沂东夷书院教务长周文臣发言

"研究文献需要英文阅读能力，培养孩子英文阅读能力需要找到对应的高效方法。"上海外国语大学松江外国语学校教师、中华教育改进社理事储东亮分享了英语原版书卓越阅读计划，"科学的阅读方法体系可以监测学生的阅读基础，能够个性化地为学生的阅读计划提供指导。学校通过联合家长和老师，聚合资源搭建英文图书馆，定期评估学生的阅读情况，为学生提供个性化的阅读计划指导，并通过读书交流、英语演讲、模仿创造等综合实践应用活动，让学生能够'学以致用，用以促学'。"

上海外国语大学松江外国语学校储东亮老师发言

"科学教育大家谈"圆桌论坛由中华教育改进社吴红军副秘书长主持，首都师范大学白欣教授、中国科普作家协会专委会主任薛进高级工程师、武汉市光谷第一小学夏梦琼老师、合肥市行知学校周向荣副校长、河北保定师范附属学校华宝玲老师、北京永载文化有限公司总经理罗亭、上海学点教育科技执行董事官梁昌年博士共同围绕科学教育的主题，分享了他们在中小学教育、跨学科融合式等方面的前沿理论和优秀实践。

"科学教育大家谈"圆桌论坛现场

中华教育改进社秘书处秘书长金春梅为本次会议闭幕致辞："今天是一个值得被纪念的日子，在叶企孙先生诞辰125周年，我们一起纪念他，一同讨论了一流大学和一流教育家的话题，让我们一起风雨兼程，携手共进，一起弘扬叶企孙精神，发挥叶企孙先生科学及教育思想，推动中国科教兴国。"

中华教育改进社秘书长金春梅做闭幕致辞

后记

科教兴国是目标，是途径，更应是行动。在中国历史上曾为科教兴国做出卓越贡献的教育家、科学家叶企孙先生诞辰 125 周年之际，我们借此开展了一次科教兴国行动。本书是这次行动的思想与行为记录，并试图通过它激发更多的人在遵循科教兴国规律、更好使用科教兴国密码的基础上思考与行动。

这次行动由中华教育改进社发起，得到西交利物浦大学的鼎力支持和中国教育三十人论坛的帮助。在此一并向全体参会的个人、机构以及为此项活动提供各种支持与服务的个人和机构致以诚挚感谢！

在本书编辑出版过程中，各位作者认真修改了向论坛提交的文稿，科学出版社侯俊琳先生和张莉女士做了大量编修工作，一并致以谢忱。虽做出各种努力，不当之处或难免，恳请读者指正。

编 者

2024 年 12 月